Kulmer / Weber

DER KÜRBIS

Anbau~Verarbeitung

Leopold Stocker Verlag

Graz–Stuttgart

Umschlaggestaltung: Atelier Geyer, Albersdorf
Umschlagfotos: Arge steirischer Kürbiskernbauern, Weber, MG Kürbiskernöl
Fotos: Arge steirischer Kürbiskernbauern, Orac Verlag, Weber, Fa. Agrosserta

ISBN 3-7020-0580-3
Printed in Austria
Druck: M. Theiss, Wolfsberg

Inhalt

Inhalt

Vorwort

In den letzten 20 Jahren ist der steirische Ölkürbis wieder in Mode gekommen. Nicht nur das Kürbiskernöl, welches in der Steiermark schon immer wegen des erlesenen Geschmacks geschätzt wurde, sondern auch die Kerne finden immer mehr Liebhaber.

Das Buch richtet sich an die Praktiker sowohl im Anbau als auch in der Verarbeitung. Die umfangreiche Rezeptsammlung soll die vielseitigen Einsatzmöglichkeiten einem breiten Publikumskreis bekanntmachen.

Besonderen Dank möchten wir allen Kolleginnen und Kollegen, Bäuerinnen und Bauern aussprechen, auf deren wertvollen Erfahrungsschatz wir zurückgreifen konnten.

Sehr viel Bildmaterial wurde uns von der Arbeitsgemeinschaft steirischer Kürbisbauern sowie von der Firma Agrosserta zur Verfügung gestellt. Dafür danken wir Herrn Ing. Steinwidder und Herrn Mag. Goess-Saurau recht herzlich.

Wir wünschen allen Lesern dieses Buches viel Erfolg im Anbau sowie in der Küche und vor allem viel Gaumenfreude und Gesundheit.

Graz, März 1990

Zur Geschichte und Abstammung der Kürbisse

Und wieder war es Christoph Kolumbus

Nach Beschreibungen und Berichten der Griechen und Römer (Aristoteles, Vergil etc.) war der Kürbis im Altertum bereits bekannt und geschätzt.

Neuere wissenschaftliche Untersuchungen belegen aber, daß es sich hier nicht um den gemeinen Kürbis (Cucurbita pepo), wie die bei uns gängigen Formen genannt werden, gehandelt hat. Vielmehr beziehen sich diese Berichte auf die zu den Kürbisgewächsen (Familie der Cucurbitaceae) zählenden Verwandten, z. B. Melonen oder Flaschenkürbisse. Auch aus China gibt es ähnliche Beschreibungen aus einer Zeit lange vor Christus. Russische Forscher vertraten vor Jahrzehnten noch die Meinung, daß es aufgrund der unterschiedlichen Zellstruktur zwei verschiedene Genzentren (Entstehungsgebiete), und zwar je eines in Asien und Amerika, gegeben hat. Andere Forscher vertraten sogar die Meinung, daß der Kürbis von Afrika über das Meer schwimmend (ähnliches wird auch über die Kokosnüsse berichtet) Amerika erreicht und sich dort entsprechend verbreitet bzw. weiterentwickelt hätte.

Nach dem letzten Stand des Wissens dürfte aber unser Kürbis vom texanischen Kürbis (Cucurbita texana) abstammen. Demnach nutzten die Ur-Indianer den Kürbis bereits als Knabberkerne. Damals waren die Kürbisse noch bitter, und es hat sicher Jahrhunderte, wenn nicht Jahrtausende gedauert, bis aus den bitteren Formen bitterstoffarme bzw. bitterstoffreie gewonnen wurden. In der Folge lieferte der Kürbis den Indios wertvolle Nahrung. Die Blätter wurden als Gemüse, die Früchte wurden roh oder gesotten oder als getrocknete Konserve genutzt. Die Kerne wurden geknabbert und die Blüten als Nachtisch verspeist.

Wie Ausgrabungen von verschiedenen Lagerstätten der Indianerzeit in Mittel- und Südamerika zeigen, dürfte es vor 6–8000 Jahren eine richtige Kürbiskultur-Epoche gegeben haben. Neben der Nutzung für Speisezwecke wurden z. B. aus Flaschenkürbissen nicht nur Kürbisflaschen, sondern auch Löffel, Schöpfer, Eß- und Vorratsgefäße hergestellt. Beim

Fischfang dienten sie als Schwimmbojen. Sie wurden sogar als Musik-instrumente genutzt.

Erst dann kam Christoph Kolumbus nach Amerika und brachte die Kulturform mit nach Europa. Nach einigen Jahrzehnten war der Kürbis in ganz Süd- und Mitteleuropa verbreitet.

Der steirische Ölkürbis (oder auch als schalenloser Ölkürbis bezeichnet) ist eine Mutante, bei der die vier äußersten Zellschichten (Samenschale) nicht verholzt und verdickt sind. Daher haben sie das typisch oliv- bis dunkelgrüne Aussehen. Nach Tschermak-Seysnegg (österreichischer Vererbungsforscher) dürfte der steirische Kürbis durch eine Verlustmu-tation im vorigen Jahrhundert spontan entstanden sein. Andere Forscher behaupten, daß diese Varietät verdeckt (rezessives Gen) und daher unbemerkt aus Amerika nach Osteuropa gelangte, wo sie im Zuge des weiteren Anbaues wieder in Erscheinung trat. Der Anbau des „schalen-losen" steirischen Ölkürbisses ist erst ungefähr 100 Jahre alt.

Was sind schon 100 Jahre gegenüber Jahrtausenden in der äußerst interessanten Entwicklungsgeschichte der Kürbisse?

Der Kürbis, eine botanisch besonders interessante Pflanze

Da in Europa nur 2 Gattungen der Kürbisgewächse von insgesamt 90 mit über 800 Arten wildwachsend vorkommen, wird ihre Bedeutung für den Naturhaushalt und für die Ernährung oft falsch eingeschätzt. Pflanzen aus der Familie der Kürbisgewächse wachsen in den Tropen als dichter Teppich an den Waldrändern, beherrschen die Buschvegetation und besiedeln die Kahlstellen nach der Brandrodung. Kletterformen wachsen auf Urwaldbäumen, andere Arten besiedeln sogar heiße Sandwüsten.

Aber nicht nur die Verbreitung, sondern auch der Formenreichtum gibt den Botanikern immer wieder Arbeit. Kürbisse unterscheiden sich im Wuchstyp, in der Form, Farbe, Größe und Oberflächengestalt der Frucht sowie in den unterschiedlichen Nutzungsrichtungen.

Der Kürbis im botanischen System

Abteilung: Spermatophyta (Blüten- oder Samenpflanzen)
X. Klasse: Dicotyledoneae (Zweikeimblättrige)
3 Unterabt.: Angiospermae (Bedecktsamer)
C) Entwicklungsstufe: Dialypetalae
    (= Heterochlamydeae) und Sympetalae Penta cyclicae
6. Unterklasse: Dilleniidae
3. Überordnung: Violanae
6. Ordnung: Cucurbitales
Familie: Cucurbitaceae
Gattung: Cucurbita

Innerhalb der Kürbisfamilie haben fünf Gattungen wirtschaftliche Bedeutung.
Cucurbita maxima Duck. = Winter- oder Riesenkürbis

Cucurbita pepo L. = Gartenk., gemeiner K., Sommerkürbis
Cucurbita moschata Duck. = Moschus- oder Muskatkürbis
Cucurbita ficifolia Bouché = Feigenblattkürbis
Cucurbita mixta Pang.

Beschreibung der Kürbispflanze
(Cucurbita pepo L.)

Pflanze

Raschwüchsige, einjährige, zweikeimblättrige Pflanze, Fremdbefruchter, Kurztagsplanze, Flachwurzler.
Mit Ausnahme der Frucht sind alle oberirdischen Pflanzenteile mit kurzen, steifen Haaren versehen.

Sproß

Rankend (bis 10 m lang) oder gestaucht (Buschkürbis), Internodien sind hohl mit Wassergefäßen (Tracheen).

Blätter

Sehr groß und nierenförmig auf langen Blattstielen sitzend, Blattspreite mehr oder weniger gelappt.

Blüte

Einhäusig (d. h. beide Geschlechter auf einer Pflanze), groß und trichterförmig.
Die männlichen Blüten haben einen sehr langen Stiel und stehen über den Bestand hinaus, die Anzahl der Blüten kann 100–200 je Pflanze erreichen, 5 Staubblätter.
Die weibliche Blüte ist kurzstielig und hat einen unterständigen, kugeli-

9

gen Fruchtknoten, einen langen Griffel mit 3–5lappiger Narbe. Sie scheidet viel Nektar aus, daher werden Honigbienen, Hummeln etc. stark angelockt.

Frucht

Beere mit verhärteter Oberhaut, das Fruchtfleisch ist faserig, im reifen Zustand ist die Frucht hohl. Schwerste Frucht überhaupt (Fruchtgewichte bis 50 kg sind nicht selten).

Die wirtschaftliche Bedeutung und Nutzung der Kürbisse

Die wirtschaftlich interessanten Formen wurden bereits unter dem Kapitel „Botanik" kurz aufgeführt.

Neben Mais und Bohnen waren die Kürbisse die wichtigsten Nutzpflanzen der Azteken.

Weltweit gibt es keine extakte Statistik über den Kürbisanbau, da in vielen Ländern die Anbauflächen mit anderen Kürbisgewächsen wie Melonen, Gurken etc. gemeinsam erfaßt werden. Besonders forciert wurde bei uns der Kürbisanbau während und kurz nach dem 2. Weltkrieg. Neben der Nutzung als Viehfutter sollte die Fettversorgung der durch den Krieg stark leidenden Bevölkerung sichergestellt werden.

Die weltweit größten Anbauflächen weisen UdSSR, USA, China, Ägypten, Rumänien, Jugoslawien, Ungarn und Italien auf.

Gegenüber anderen Ölfrüchten wie z. B. Sojabohnen, Raps, Oliven oder Sonnenblumen ist die Anbaufläche unbedeutend, doch besitzt das Kürbiskernöl Eigenschaften, die den Erfordernissen des heutigen Marktes besonders entsprechen.

In Österreich wird ausschließlich der „schalenlose" steirische Ölkürbis kultiviert. Die gesamte Anbaufläche liegt bei ca. 6000 ha, davon entfallen ca. 90% der Fläche auf die Steiermark.

Der Rest wird im südlichen Burgenland und in Niederösterreich angebaut. Durch die Mechanisierung der Kürbisernte sowie durch die technische Trocknung wurde in den letzten 10 Jahren die Anbaufläche wieder von ca. 2000 ha auf ca. 6000 ha angehoben. (Näheres dazu noch im Kapitel „Die Kultur der steirischen Ölkürbisse".)

Aufgrund der vielfachen Nutzungsmöglichkeiten ist es sinnvoll, sich näher mit der Kulturtechnik zu befassen.

Was kann man vom Kürbis *wie* verwenden?

Kürbiskerne: Knabberkerne
               Backwaren
               Kernöl (Salat- oder Bratöl)

Preßkuchen (Viehfutter)
Pharmazeutische Produkte

Kürbisfrucht: Gemüse
Kompott
Viehfutter
Silageerzeugung

Blüte: in Teig backen
Blütensalat

Aufgrund der insgesamt für den Anbau als positiv geltenden Aussichten wurden in der Steiermark die „Arbeitsgemeinschaft steirischer Kürbisbauern reg.Gen.m.b.H." sowie die „Marktgemeinschaft Kürbiskernöl" gegründet. Diese verfolgen das Ziel, den Anbau zu fördern und zu organisieren sowie den entsprechenden Absatz für die Produkte aus dem Kürbis auf dem nationalen sowie auf dem internationalen Markt zu unterstützen.

Der steirische Ölkürbis

Cucurbita pepo L. convar. citrullina var. styriaca)

Vorbemerkungen

Der „schalenlose steirische Ölkürbis" zeichnet sich gegenüber dem beschalten Kürbis durch seinen hohen Gehalt an Fett und Eiweiß aus. Er enthält dafür wesentlich weniger Rohfasern.

Dieser Kürbis hat daher sowohl für die menschliche als auch für die tierische Ernährung besondere Bedeutung. Er enthält sehr hochwertiges Eiweiß (viele essentielle Aminosäuren), viele Mineralstoffe, Vitamine, Spurenelemente und Wirkstoffe.

In der südlichen Steiermark, im südlichen Burgenland und in Teilen Kärntens wurde er als Zwischenkultur in Mais- und Kartoffeläckern gezogen. Durch die relativ weiten Abstände (3–10 m) wurden die Erträge bei den Hauptkulturen kaum beeinträchtigt. Nachdem diese beiden genannten Kulturen früher noch Hackfrüchte im ursächlichsten Sinn waren, waren praktisch nur die Saat und die Ernte mit Arbeit verbunden. Für den Kürbisanbau wurden daher keine eigenen Flächen benötigt. Die Ernte erfolgte ab Mitte bis Ende September laufend, die Kerne wurden an der Luft (Sonne) getrocknet, das Fruchtfleisch der Kürbisse wurde dem Vieh verfüttert.

Ab 1960 gelangten immer mehr die Herbizide, vor allem im Maisbau, zum Einsatz; der Anbau der Kartoffel für die Schweinemast wurde aufgegeben. Da der Kürbis sehr empfindlich gegen die im Maisanbau eingesetzten Herbizide ist, war die Unterkultur praktisch nicht mehr durchführbar. Dadurch war das Aufkommen an steirischen Kürbiskernen stark rückläufig, und steirische Ölmühlen waren gezwungen, Importe (vor allem aus Ostblockstaaten und China) zu tätigen. In manchen Jahren wurden daher Importe in der Höhe von 3000 bis 4000 Tonnen durchgeführt.

Noch vor 1970 begannen daher in der Steiermark innovationsfreudige Landwirte mit der Konstruktion einer Kürbiskern-Erntemaschine, um den Kürbisanbau rentabel betreiben zu können. Die Anbauflächen zeigten bald wieder steigende Tendenz, bis im Jahre 1977 aufgrund der sehr guten Erträge bei großen Anbauflächen der Kürbiskernabsatz nach langer Zeit wieder zum Erliegen kam.

Der damit verbundene Preissturz führte dann zur Gründung der Arbeitsgemeinschaft steirischer Kürbisbauern. Seit dieser Zeit sind die Anbauflächen zwar weiter gestiegen, doch konnte die straffe Anbauorganisation größere Preisverfälle vor allem bei den Vertragsbauern vermeiden (auch bei konstant gehaltener Anbaufläche wechseln Mangel und Überschuß häufig, da es immer wieder extrem gute und dann wieder sehr schlechte Ertragsjahre gibt).

Die Kultur der steirischen Ölkürbisse

Klimaansprüche

Der Kürbis ist relativ wärmebedürftig. Hauptsächlich findet man ihn im südlichen, kontinentalen Klimagebiet und dort insbesondere in milden sonnigen Lagen (Weinklima). Die Jahresdurchschnittstemperatur muß mindestens 8° C betragen. Minustemperaturen verträgt der Kürbis nicht. Die zusammenhängend frostfreie Zeit sollte über 6 Monate liegen. Es dürfen daher weder Spätfröste im Frühjahr noch Frühfröste im Herbst auftreten. Die minimale Keimtemperatur beträgt 10–15° C. Der Kürbis verträgt längere Trockenperioden (dürreresistent) sehr gut. Die höchsten Erträge an Kernen erhält man aber, wenn im Frühsommer (Ende Juni bis Mitte August) ausreichend Niederschläge fallen. Dies bewirkt, daß die erste weibliche Blüte nicht abgestoßen wird, was für den Kernertrag sehr wichtig ist. Daher eignet sich das illyrische Klimagebiet (südöstliche Steiermark, Südburgenland, Nordjugoslawien) ganz hervorragend für den Kürbisanbau. Dieses Klimagebiet zeichnet sich durch hohe Temperaturen, durch ausreichende Niederschläge (ca. 600 bis 800 mm/Jahr) bei gleichzeitig guter Verteilung sowie durch hohe Luftfeuchtigkeit aus. Für die gute Ausreifung der Kerne ist vor allem ein warmer Herbst verantwortlich. Sehr nachteilig wirken sich naßkaltes Wetter und

Winde aus. Daraus resultieren auch die großen Ertragsunterschiede in den einzelnen Anbaujahren.

Bodenansprüche

Der Kürbis bevorzugt leichte bis mittelschwere, gut erwärmbare und humusreiche Böden mit guter Wasserführung und guter Struktur. Nicht geeignet sind extrem sandige sowie sehr schwere, nasse Böden. Der ph-Wert sollte auf leichten Böden zwischen 6 und 6,5, bei schweren Böden zwischen 6,5 und 7 betragen. Böden, auf denen Klärschlamm, Müllkompost oder Pflanzenschutzmittel auf Basis chlorierter Kohlenwasserstoffe angewendet wurden, scheiden für den Kürbisanbau aus.

Fruchtfolge

Die Vorkulturen sollten möglichst unkrautfrei gehalten werden. Zwar hinterläßt die Maiskultur wenig Unkraut, doch können bei starker Anwendung von Atrazinen deren Rückstände im Boden Reste hinterlassen, die zu Schäden bei der Kürbiskultur führen können. Ganz allgemein wirkt sich die Art der Vorkultur nur wenig auf den Ertrag aus, doch sollte man nicht unbedingt Kürbis auf Kürbis oder Gurke bauen. Eine ideale Vorkultur ist Getreide mit anschließender Gründecke oder Zwischenfrucht (Landsberger Gemenge, Roggen etc. für die Futtergewinnung im Frühjahr). Dies schützt vor Erosion (Bodenabtrag) und Bodenverdichtung durch starke Niederschläge. Aus der Wurzel- und Pflanzenmasse werden im Sommer Nährstoffe freigesetzt. Ein späterer Einsatz von Stickstoffdüngern ist dann nicht sinnvoll, dies könnte zu Reifeverzögerungen führen.

Bodenvorbereitung

Da der Boden beim Anbau gut abgesetzt sein soll, ist es vorteilhaft, im Herbst zu pflügen (Frostgare, Halten der Winterfeuchtigkeit). Wird nach Mais kultiviert, so sollte man nicht zu tief pflügen oder mittels Vorschäler das Maisstroh nicht zu tief einarbeiten. Nach überwinternden

Zwischenfrüchten erfolgt das Pflügen erst im Frühjahr. Es muß aber darauf geachtet werden, daß das Saatbeet entsprechend gesetzt ist (bei Bedarf walzen). Bei Herbstfurche wirkt das Abschleppen oder Eggen unkrautmindernd.

Düngung

Der Kürbis stellt relativ geringe Nährstoffansprüche, doch erfordert die Düngung doch einiges Geschick.

Besonders ist bei der Stickstoffdüngung aufzupassen. Mehrjährige Exaktversuche haben gezeigt, daß höhere Stickstoffgaben zwar das Wachstum der Pflanze und der Frucht fördern, aber die Ausreifung der Kerne sowie den Fettgehalt der Kerne negativ beeinflussen. Im pannonischen Klimagebiet sind zur Erreichung befriedigender Erträge höhere Stickstoffgaben (doppelte Menge) notwendig.

Der Phosphor ist vor allem bei der Frucht- und Samenausbildung notwendig.

Am höchsten ist der Bedarf an Kali. Hier haben mehrjährige Versuche gezeigt, daß nicht unbedingt chlorfreie bzw. chlorarme Kalidünger notwendig sind. Die Chlorempfindlichkeit, welche in älterer Literatur sowie Kulturbeschreibungen immer wieder behauptet wurde, trifft nicht auf den Kürbis zu.

Oben Links:
Die großen trichterförmigen männlichen Blüten ragen über die Blätter hinaus

Oben rechts:
Die junge Kürbisfrucht eignet sich ausgezeichnet als Kochgemüse

Mitte links:
Die grüngelbgestreiften Kürbisfrüchte bringen Abwechslung in die vom Maisanbau dominierte Landschaft

Mitte rechts:
Cucurbita maxima oder Riesenkürbis ist geeignet für Stemmversuche

Unten links:
Zucchini – geschätzte Speisekürbisse

Unten rechts:
Tschermaks-Ölkürbis, eine Sorte mit länglichen Früchten

Relativ hohe Ansprüche stellt der Kürbis auch im Hinblick auf die Kalkversorgung. Bei Mangel ist mit Wachstumshemmungen zu rechnen. Hinsichtlich Magnesium ist der Bedarf gering, doch sollte bei Unterversorgung auch eine Düngung mit Magnesium erfolgen bzw. magnesiumhältige Volldünger verwendet werden.

Nährstoffbedarf

40– 80 kg Reinstickstoff
60–100 kg P_2O_5
120–180 kg K_2O

Dieser Bedarf gilt für gut versorgte Böden, welche nachstehende Gehalte an Nährstoffen aufweisen:

Nährstoffe	leichte Böden	schwere Böden
P_2O_5	11–25 mg	11–25 mg
K_2O	11–25 mg	17–32 mg
Mg	5–10 mg	8–13 mg

Aufgrund dieses Bedarfs ergeben sich nachstehende Düngungsvarianten (Illyrisches Klimagebiet):

150–300 kg Nitramoncal (2 Gaben)
400–600 kg Superphosphat
200–300 kg 60%iges Kali

Oben links:
Die Reihenkultur hat sich durchgesetzt

Oben rechts:
Die Horstsaat ist nur mehr sehr selten anzutreffen

Unten links:
Zu dichte Bestände müssen ausgelichtet werden

Unten rechts:
Bestand nach dem Vereinzeln

oder
150–300 kg Nitramoncal (2 Gaben)
600-900 kg Thomaskali (10% P_2O_5, 20% K_2O)
oder
500–750 kg DC 42 (6% N, 12% P_2O_5, 24% K_2O)
100–150 kg Nitramoncal als Kopfdüngung.

Die Kopfdüngung mit Stickstoff soll vor dem Auslaufen der Ranken erfolgen. Der Bestand muß beim Ausbringen des Düngers trocken sein. Steht Stallmist zur Verfügung, so sollte man diesen bereits im Herbst einackern. Je nach ausgebrachter Stallmistmenge muß die Düngung reduziert werden. Dies trifft vor allem für die Stickstoffdüngung zu. Bei hohen Stallmistgaben kann die Stickstoffdüngung gänzlich unterbleiben, bei mittleren Gaben (ca. 20 t/ha) reicht die Kopfdüngung mit Stickstoff. Die Grunddüngung sollte mindestens 1–2 Wochen vor dem Anbau erfolgen. Die Düngemittel sind breitflächig auszubringen und einzuarbeiten. Ist der Boden aufzukalken, so sollte dies entweder im Herbst oder im zeitigen Frühjahr erfolgen. Verantwortungsvolle und wirtschaftlich denkende Landwirte lassen ihren Boden regelmäßig untersuchen (alle 3–5 Jahre), um die Düngung wirtschaftlich und umweltschonend gestalten zu können. Der Einsatz von Klärschlamm und Müllkompost ist unzulässig.

Die Saat

Saattermin: Die Aussaat sollte zwischen dem 5. und 15. Mai erfolgen. Die frühe Saat bewirkt, daß mehr Früchte ansetzen, ebenso sind die Fettgehalte durch die bessere Ausreifung etwas höher. Allerdings besteht die Gefahr, daß nach früher Saat noch Fröste auftreten können (Eismänner). Ein alter Praktikerspruch lautet: In 10 Jahren sät man 9 mal zu spät. Nimmt man die letzten 10 Jahre her, so trifft dieser Spruch zu, da die gefürchteten Eismänner uns erspart blieben. Andererseits hemmen aber niedrige Temperaturen die Keimung (unter 10° C keimt der Kürbis nicht) und die Anfangsentwicklung. Späte Aussaat bringt Ertragsverluste sowie Qualitätseinbußen durch schlechte Kernausbildung. Den richtigen Saattermin zu treffen, ist also Glückssache.

Saatgutbedarf: 4–6 kg/ha gebeiztes Saatgut
Sorten: Wies 371; Gleisdorfer
Saattiefe: 2–3 cm (auf leichtem Boden und bei Trockenheit bis zu 4 cm)
Reihenabstand: 1,6–2,2 m ⎫ dies ergibt 1–1,3 Pflanzen je m^2
Abstand in der Reihe: 40–50 cm ⎬ (= 10.–13.000 Pflanzen/ha)

Saatmethoden:
Horstsaat: erhöhtes Saatbeet mit Mistunterlage, dabei wird oft vorge-
keimtes Saatgut verwendet
Vorteile: geringer Saatgutbedarf,
meist rascherer Aufgang (warmer Fuß)
Nachteile: Mechanische Unkrautbekämpfung kaum möglich, höherer
Arbeitsaufwand, teilweise Auflaufschäden

Reihensaat: hat sich im großflächigen Anbau sehr rasch durchgesetzt.
Pneumatische Einzelkornsämaschinen ermöglichen eine exakte Ablage
und bringen größere Flächenleistungen.
Vorteile: geringer Arbeitsaufwand, mechanische Unkrautbekämpfung
ist leicht durchführbar.

Die Pflege der Kultur

Die Beizung des Saatgutes sowie möglichst hohe Bodentemperaturen
bewirken eine hohe Auflaufrate. Der Aufgang erfolgt je nach Temperatur ca. 6–12 Tage nach der Saat. Beizversuche haben gezeigt, daß
ungebeiztes Saatgut oft nur einen Bruchteil der Samen zum Aufgang
bringt. Die Saatgutbeizung ist daher eine wichtige Bedingung, um hohe
Aufgangsraten zu erzielen. Mit anderen Worten: Man spart viel Saatgut
durch die Beizung!
Die Pflege der Bestände ist ohne großen Aufwand durchführbar. Eine
chemische Unkrautbekämpfung ist nicht erforderlich, obwohl einige
Präparate dafür zugelassen sind.
Im steirischen Erwerbsanbau wird 2–3mal mit einer Egge oder einem
Hackgerät zwischen den Reihen das Unkraut vernichtet. Dabei dürfen
auslaufende Ranken nicht überfahren werden.

In der Reihe wird händisch gehackt. Zu dichte Bestände lichtet man aus (auf 40–50 cm Abstand), mißratene und kranke Pflanzen werden entfernt.

Hackgeräte zur Unkrautbekämpfung im Kürbis

Neuerdings finden zunehmend Ackerfräsen zur Unkrautbekämpfung Eingang. Hier sollte man aber beachten, daß man die Bodenstruktur nicht zerstört. Durch die schnellrotierenden Fräsen werden die Bodenkrümel zerschlagen. Es ist daher die Drehzahl der Fräse möglichst niedrig zu halten.

Nach Bestandsschluß sind bis zur Ernte kaum weitere Pflegearbeiten notwendig. Ist aber der Bestand etwas lückig, so muß man die Unkrautbekämpfung auf diesen offenen Stellen weiter mit der Handhacke durchführen. Der Kürbis ist ein Flachwurzler, daher nicht zu tief hacken!

Pflanzenschutz
Unkrautbekämpfung
Normalerweise reichen die mechanischen Bekämpfungsmaßnahmen aus (Egge, Hacke, Fräse).
Nachstehend angeführte Herbizide sind zur Unkrautbekämpfung im Kürbis anerkannt und registriert.
Gesagard (Wirkstoff Prometryn)
Aufwandmenge 2 kg je ha bei Flächenspritzung im Vorauflaufverfahren (spätestens 1–2 Tage nach der Saat spritzen). Die Wirkung ist am besten, wenn der Boden gleichmäßig feucht ist.
Erfaßt werden nur die zweikeimblättrigen Samenunkräuter. Schlecht ist die Wirkung gegen Wurzelunkräuter sowie Hirsearten.
Auf leichten Böden ist der Einsatz nicht zu empfehlen, da Schäden beim Kürbis auftreten können.
Illoxan
Wirkt gegen Wildhirsen im 4–6-Blattstadium sowie gegen Flughafer im

Nur unkrautfreie Bestände bringen gute Erträge

2–4-Blattstadium. Die Aufwandsmenge beträgt 3 l je ha. Zu frühe Bekämpfung bringt meist nur unbefriedigenden Erfolg.
Keine Wirkung gegen zweikeimblättrige Unkräuter.

Wildhirsen entwickeln sich besonders in Lücken sehr gut

Fusilade
Aufwandsmenge 1,5 Liter gegen einjährige Schadgräser bzw. 2–3 l gegen Quecken im Nachauflaufverfahren.

Krankheiten und Schädlinge
Allgemein vorbeugende Maßnahmen
Saatgutbeizung mit Apron (Trockenbeize reicht aus, doch bringen Schlämmbeizung bzw. Inkrustierung bessere Ergebnisse). Virusfreies Saatgut verwenden!
Nur gut verrotteten Stallmist verwenden und diesen bereits im Herbst einackern (frischer Stallmist lockt Wurzelfliegen an).

Nachstehend die wichtigsten Krankheiten und Schädlinge:

Viruskrankheiten
- Gurkenmosaik-Virus
- Grünscheckungs-Mosaikvirus
- Melonen-Mosaikvirus

Übertragung durch
Blattläuse, Saatgut
Verletzungen, Pflanzenreste
Blattläuse

Da es keine direkten Bekämpfungsmöglichkeiten bei Viruskrankheiten gibt, sind nachstehend angeführte Vorbeugungsmaßnahmen sinnvoll: Bekämpfung der Blattläuse sowie sonstiger saugender Schädlinge, Fruchtwechsel und
Saatgutwechsel.

Bakterien und Pilzkrankheiten
- Bakterielle Blattfleckenkrankheit (eckige Blattfleckenkrankheit)
- Brennfleckenkrankheit
- Echter Mehltau (tritt regelmäßig auf, doch sind durch das späte Auftreten keine Ertragsminderungen feststellbar)
- Falscher Mehltau (in der Steiermark bis jetzt noch nicht auf Kürbis nachgewiesen)
- Fusariumwelke (Fruchtwechsel betreiben)
  Cucurbita ficifolia (Feigenblattkürbis) ist gegen diese Krankheit resistent und wird daher im intensiven Gurkenanbau als Veredelungsunterlage verwendet
- Fruchtfäulen (verschiedene Erreger)
  Sie werden gefördert durch engen Standraum, hohe Niederschläge, Hagel sowie durch übermäßig hohe Stickstoffdüngung.

Tierische Schädlinge
Drahtwürmer (Larven der Schnellkafer)
Engerlinge (Larven der Maikäfer) } treten auf Wiesenumbrüchen bzw. nach mehrjähriger Kleegrasnutzung auf
Wurzelfliegen (kein frischer Stallmist)
Nematoden (Fruchtwechsel einhalten)
Blattläuse (Virusüberträger)
Spinnmilben
Thripse } kaum schädigend, aber oft anzutreffen
Wiesenwanzen

Acker- und Wegschnecken
Wildvögel
Mäuse
Rehe

Auch den Rehen mundet der Kürbis

Im Lager treten oft die Korn-, Dörrobst-, Mehl- und die Heumotte schädigend auf. Die Lagerräume sind daher gründlich zu reinigen und mit Nuvan 7 (150 ml je 100 m³ Lagerraum) zu vernebeln. Der Nebel sollte 12–15 Stunden einwirken. Erst nach gründlicher Lüftung kann der Lagerraum mit den Kürbiskernen beschickt werden.

Die Problematik der Rückstände von Pflanzenschutzmitteln beim Ölkürbis

Chemischer Pflanzenschutz sollte beim Kürbis nach Möglichkeit vermieden werden. Bei guter Kulturführung sowie unter Beachtung aller vorbeugenden Maßnahmen erreicht man auch ohne Einsatz chemischer

Pflanzenschutzmittel gute Erträge. Rückstände von Pflanzenschutzmitteln sind vor allem durch die speziellen Anwendungsgebiete der Kürbiskerne (Pharmazie, diätische Mittel, Kernöl etc.) zu Recht verpönt.

Der Kürbiskern ist sehr fettreich und reichert speziell die chlorierten Kohlenwasserstoffe an (so zum Beispiel das HCB = Hexachlorbenzol), welche teilweise im Boden noch in größeren Mengen anzutreffen sind, weil sie dort nur sehr langsam abgebaut werden. Weiters vermag der Kürbis diese Stoffe auch aus der Luft aufzunehmen und im Kern zu konzentrieren. Dies ist auch die Ursache dafür, daß selbst auf Flächen, auf denen noch nie derartige Mittel zum Einsatz gekommen sind, höhere Rückstandsmengen in den Kernen anzutreffen sind.

Der Einsatz dieser Mittel wurde in der Zwischenzeit verboten (z. B. DDT, Dieldrin, Endrin, Lindan usw.), die Nachwirkungen besonders für den Kürbisanbau sind fatal. Auf Flächen, welche mit diesen Mitteln behandelt wurden, darf erst nach langjähriger Anbaupause (mindestens 6 Jahre) Kürbis gebaut werden (Anbaurichtlinien ARGE steirischer Kürbisbauern).

Die Ernte der Kürbiskerne

Sie erfolgt ab Ende September bis Ende Oktober. Unreife Kürbiskerne sind im Geschmack und Geruch scharf.
Kennzeichen der Reife sind:
Blätter und Ranken sind abgestorben
Fruchtstiel ist eingetrocknet
Kerne sind dickbauchig und dunkelgrün und lösen sich leicht vom Parenchymgewebe
Fruchtfarbe wechselt auf gelbgestreift bis gelb

Ernteverfahren

Händische Ernte
Auf vielen kleinbäuerlichen Betrieben in der Steiermark und im südlichen Burgenland wird der Kürbis noch händisch geerntet. Dabei werden die Kürbisse auf dem Acker bzw. am Hof mit einem Haumesser ge-

teilt und die Kerne mit der Hand von der Frucht herausgelöst. Die Kürbisanbaufläche dieser Betriebe beträgt meist nur 10–30 Ar und ist für den eigenen Bedarf bzw. den Ab-Hof-Verkauf von Kürbisskernöl ausreichend.

Vorteile: schonende Ernte (Qualitätssteigerung = bessere Preise), geringste Ernteverluste
Verfütterung des anfallenden Fruchtfleisches ist möglich, da die Ernteperiode lang anhält und das dabei in geringen Mengen anfallende Fruchtfleisch frisch verfüttert werden kann.

Nachteile: sehr arbeitsaufwendig (Ernteleistung nur 1–3 kg trockene Kerne je Arbeitsstunde),
technische Trocknung durch die geringe tägliche Ernteleistung kaum sinnvoll. Unwirtschaftlich bei größerflächigem Erwerbsbau (zu hohe Arbeitskosten).

Maschinelle Ernte
Bereits vor 1970 begannen in der Weststeiermark Landwirte in Zusammenarbeit mit örtlichen Schlossereien und Schmieden mit der Entwicklung von Kürbiserntemaschinen.
Mittlerweile gelang es sogar einigen Landwirten, verschiedene Mähdrescher zu einer selbstfahrenden Kürbiserntemaschine umzufunktionieren. Allerdings gingen diese „Kürbisdrescher" nie in Produktion.

Gut bewährt haben sich hingegen die von der Firma Moty in Frauental (Weststeiermark) erzeugten Kürbiserntemaschinen, mit denen eine Ernteleistung von ca. 1 ha je Tag zu erzielen ist. Viele steirische Landwirte haben sich ähnliche Maschinen zusammengebaut.

Kurze Beschreibung der Erntemaschinen

traktorgezogene zapfwellenangetriebene Maschine
Quetschtrommel mit konischem Einzug (zerteilt die Früchte)
Siebtrommeln mit Reinigungsbürsten und Absaugvorrichtungen (trennen die Kerne vom Fruchtfleisch)
Sammelbehälter für die Kerne
Im Jahre 1989 wurden die ersten erfolgreichen Tests mit Pick-up-

Umgebauter Mähdrescher im Einsatz bei der Kürbisernte

Vorrichtungen durchgeführt. Dadurch können bei der Ernte 2 Arbeitskräfte eingespart werden, welche die Kürbisse in die Maschine werfen mußten.

Erleichtert wird die Erntearbeit, wenn man die Kürbisse vor Beginn der Ernte mittels Schneepflug schwadförmig sammelt.

Die Kürbisse werden mit schneepflugähnlichen Geräten zusammengeschoben

Vorteile der Erntemaschinen: große Flächenleistung bei geringem Arbeitskräfteeinsatz
überbetrieblicher Einsatz möglich
Technische Trocknung sinnvoll
wirtschaftlich
Nachteile: Ernteverlust (ca. 10%)
Qualitätsminderung (bei neueren Maschinen kaum mehr von Bedeutung)

Das Feld ist für die maschinelle Ernte vorbereitet

Waschen des Erntegutes

Nach der Ernte sollen die Kerne (auch bei Handernte) sofort gewaschen werden. Dabei werden anhaftendes Kürbisfleisch und sonstige Fruchtrückstände sowie der den Kernen anhaftende Schleim entfernt. Da die Kürbiskerne ein Lebensmittel sind, muß das Wasser unbedingt hygienisch sauber sein. Im Sammelbehälter beginnen ungewaschene Kerne rasch zu gären, bei späterer Waschung löst sich dann die grüne Haut (weiße Kerne bewirken eine wesentliche Qualitätsminderung).
Die gewaschenen Kürbiskerne lassen sich leichter trocknen und danach leichter reinigen (verkleben weniger).

29

Kürbiswaschanlage

Die Trocknung der Kürbiskerne

Bei Handernte
Die Trocknung kann an sonnigen Plätzen auf Rosten, festen Plätzen (Asphalt) etc. erfolgen. Besonders zu achten ist auf die Betriebshygiene (saubere Plätze, reines Auflagematerial, Haustiere und Gerüche fernhalten). Meist dauert es aber 1–2 Wochen, bis auf diese Art die Kerne trocken sind.

Bei Maschinenernte
Bei der maschinellen Ernte fallen bis zu 1000 kg Erntegut am Tag an. Solche Mengen können nur auf einer Trocknungsanlage (Flachrostanlagen) bewältigt werden.

Nach dem Waschen (Waschwasser kurz abrinnen lassen) werden die Kerne sofort auf die Trocknungsroste geschüttet und bei Temperaturen von 50° C bis max. 60° C getrocknet. Bei entsprechender Luft- und Temperaturführung sind die Kerne nach 12–15 Stunden trocken. Der Wassergehalt beträgt dann nur mehr ca. 8% (überprüfen kann man dies durch die Brechprobe). Ständiges Umrühren auf der Trocknungsanlage bewirkt zwar eine etwas raschere Trocknung, doch werden die Kerne dabei stark verletzt (Qualitätsminderung). Ein Umrühren ohne nennenswerte Schäden an den Kernen ist erst bei fortgeschrittenem Trocknungsprozeß möglich.

Lagerung

Möglichst kühl und trocken in sauberen Papier- oder Jutesäcken oder auf gereinigten Schüttböden, die von Haustieren und Ungeziefer (Achtung auf Mottenflug) freigehalten werden können.

Reinigung und Sortierung der Kürbiskerne bei der ARGE steir. Kürbisbauern

Die Lagerung erfolgt in Säcken oder Containern

Oben links:
Leichter Herbizidschaden

Oben rechts:
Schwerer Herbizidschaden durch Atrazinrückstände im Boden

Mitte links:
Viruskrankheiten treten sehr häufig auf

Mitte rechts:
Der echte Mehltau tritt gegen Ende August meist auf, bewirkt aber keine Ertragseinbußen

Unten links:
Kalimangelerscheinungen

Unten rechts:
Kürbisfrüchte werden durch Hagel verletzt und faulen in der Folge

Erträge

Ertragsbeeinflussende Faktoren sind:
- Anbautermin (rechtzeitig)
- Blühwetter und Bestäubung (Bienenflug)
- Wasserversorgung im Juni und Juli
- Nährstoffversorgung (nicht zu viel Stickstoff)
- Temperaturen im Frühjahr und Sommer
- Wetter im Herbst (gute Ausreifung bei Schönwetter)
- Erntetermin (nicht zu früh)
- Ernteverfahren (maschinelle Ernte bewirkt Verluste)

Aufgrund dieser vielen ertragsbeeinträchtigenden Faktoren ist die Schwankung der Kernerträge relativ groß.

In der Praxis werden in der Steiermark im Schnitt Erträge von 500–1000 kg Kürbiskerne erreicht.

In guten Kürbisjahren erreichten erfahrene Produzenten bis 1200 kg pro ha. In schlechten Kürbisjahren wird die Untergrenze von 500 kg auf schlechteren Standorten oft bei weitem nicht erreicht.

Der Ertrag an Fruchtfleisch: 40–70000 kg/ha.

Im pannonischen Klimagebiet sind die Erträge um ca. ⅓ niedriger.

Oben:
Die händische Ernte kennzeichnet den kleinflächigen Anbau

Mitte:
Moty-Kürbiskernerntemaschine

Unten links:
Ernteprodukt bei der Maschinenernte

Unten rechts:
Direktvermarktung spielt vor allem beim Kürbiskernöl eine besondere Rolle

Besonderheiten der Kultur für die Saatgutvermehrung

Da der Kürbis ein Fremdbefruchter ist, muß ein Abstand von mind. **500 m** zu Nachbarbeständen eingehalten werden. Besondere Aufmerksamkeit muß der Unkrautbekämpfung sowie der Blattlausbekämpfung geschenkt werden (Virusübertragung).
Auffällige Pflanzen sind frühzeitig zu entfernen.
Die Stickstoffdüngung ist zu reduzieren (Kernausreife wird dadurch gefördert). Die Ernte erfolgt meist händisch (faule, nackte und zu kleine Kerne sowie sortenuntypische Kerne müssen entfernt werden).
Die Kerne sollen nur an der Luft oder technisch nur bei Temperaturen bis max. 40° C getrocknet werden.

Erträge: 300–700 kg/ha.

Betriebswirtschaftliche Überlegungen zum Anbau

Alle betriebswirtschaftlichen Überlegungen zeigen sehr große Unterschiede. Einerseits wird von unterschiedlichen Preis- und Ertragserwartungen ausgegangen, andererseits bewirken die diversen Produktionsverfahren bei verschieden großen Anbauflächen stark schwankende Kosten bzw. unterschiedlichen Arbeitsaufwand.

Die betriebswirtschaftliche Beurteilung wird weiters dadurch erschwert, daß der Kürbis nicht immer mit denselben Konkurrenzkulturen verglichen wird.

Nachstehende Kalkulation basiert auf folgenden Annahmen:
- Erträge 600, 750 und 900 kg
- Preise in S/kg Kürbiskerne 30, 35, 40, 45
- Ernte und Trocknung erfolgen über Maschinenring (Kosten ca. S 8.– je kg trockner Kerne)
- Arbeitsaufwand 100 Std./ha, ohne Lohnarbeiter bei der Ernte (80-100 Std. rechnet man, wenn die Ernte maschinell durchgeführt wird. Bei händischer Ernte sind mindestens 500 Arbeitsstunden für ein Hektar Kürbisse erforderlich).
  Aufwendungen auf S 500.– gerundet
  Preisbasis 1990.

Rohertrag

Kürbiskernertrag kg/ha	600	750	900
Preis S 30.–	18.000	22.500	27.000
Preis S 35.–	21.000	26.250	31.500
Preis S 40.–	24.000	30.000	36.000
Preis S 45.–	27.000	33.750	40.500

Aufwendungen

variable Spezialkosten	600	750	900
Saatgut	1.000	1.000	1.000
Handelsdünger	4.000	4.000	4.000
Hagelversicherung	2.000	2.500	3.000
Var. Maschinenkosten	3.500	3.500	3.500
Ernte und Trocknung	5.000	6.000	7.000
Sonstige Kosten	1.000	1.000	1.000
Summe	16.500	18.000	19.500

Deckungsbeiträge (DB) je ha

Kürbiskernertrag kg/ha	600	750	900
S 30.–/kg	1.500	4.500	7.500
S 35.–/kg	4.500	8.250	12.000
S 40.–/kg	7.500	12.000	16.500
S 45.–/kg	10.500	15.750	21.000

DB/AKh (100 Std./ha)

Kürbiskernertrag kg/ha	600	750	900
S 30.–/kg	15.–	45.–	75.–
S 35.–/kg	45.–	82.5	120.–
S 40.–/kg	75.–	120.–	165.–
S 45.–/kg	105.–	157.5	210.–

Aus der Kalkulation ist ersichtlich, daß bei Preisen von S 35.– aufwärts die Kürbiskultur betriebswirtschaftlich interessant wird. Dies gilt sowohl für den Deckungsbeitrag je ha als auch für den Deckungsbeitrag je eingesetzter Arbeitskraftstunde. Es müssen aber Erträge von mindestens 600 kg pro ha erreicht werden.

Nach schweren Hagelschlägen gibt es keine Ernte

Die händische Ernte rentiert sich erst bei Preisen von über S 60.– je kg Kürbiskernen. Dies trifft bei der Saatgutvermehrung zu. Hier werden Preise bis zu S 80.– je kg erzielt, allerdings müssen mindere Qualitäten dabei ausgeschieden werden, was den Gesamtertrag wieder drückt; des weiteren sind auch die übrigen Aufwendungen etwas höher.

Marktwirtschaftliche Betrachtungen und Ausblick

Der Kürbisanbau hat sich besonders in der Steiermark vom Anbau für die Eigenversorgung zu einem auch betriebswirtschaftlich interessanten Anbau für den Markt entwickelt. Er gibt nur sehr wenige landwirtschaftliche Produkte, die nur einer so eng begrenzten Landschaft (Steiermark) zugeteilt werden. In den vergangenen 10 Jahren ist es gelungen, das originelle mit dem qualititativen Element eines Produktes in Harmonie zu bringen.

Die vielseitige Verwendbarkeit der Kürbiskerne, gepaart mit dem Innovationsgeist von Produzentengemeinschaften, sowie die strikte Einhaltung von Qualitätsnormen haben dazu geführt, daß die steirischen Kürbiskerne sowie das steirische Kürbiskernöl weit über die Grenzen der Steiermark hinaus bekannt wurden.

So werden bedeutende Mengen an Kürbiskernen bzw. Kernöl in die Bundesrepublik Deutschland, USA sowie nach Holland, Belgien und in die Schweiz exportiert. Auch in den übrigen Bundesländern Österreichs findet das „Schmieröl", wie es oft wegen seiner dunklen Farbe bezeichnet wird, immer mehr Liebhaber, so daß insgesamt für diese steirische Alternativkultur die Aussichten sehr gut sind. Übrigens stellen die Exporte von Kürbiskernen und Kernöl keine Belastung für den Steuerzahler dar, denn Exportsubventionen oder ähnliche Unterstützungen für den Export gibt es nicht.

Bedauerlicherweise versuchen immer wieder einige Ölmühlen mit billig importierter Ware (zunehmend aus China) die gemeinsamen Qualitätsbestrebungen zu blockieren, da die doch für den Konsumenten minderwertigere Ware meist billiger angeboten wird. Ein vielfach genanntes Wunschziel aller an guter Qualität orientierten Kräfte ist es daher, daß die gesamte Marktproduktion über Verträge zwischen den Landwirten und Abnehmern (Produzentengenossenschaften, Ölmühlen etc.) geregelt wird.

Auch die Produzenten müssen sich noch wichtigen Herausforderungen stellen. Da mit den Kürbiskernen immer die Gesundheit in Verbindung gebracht wird, muß die Frage der Rückstandsfreiheit besonders ernst genommen werden.

Dazu wird noch viel Forschung- und Untersuchungstätigkeit notwendig sein, um diesen Problemen auch in Zukunft gewachsen zu sein.

Die Ansprüche der Konsumenten wandeln sich sehr rasch. So werden zunehmend Produkte aus alternativem Anbau vom Handel verlangt.

Das Produktionsverfahren des Vertragsanbaues in der Steiermark trägt diesem Wandel größtenteils bereits Rechnung. Es wird praktisch ohne Einsatz von chemischen Unkrautbekämpfungsmitteln, Fungiziden und Insektiziden produziert. „Integrierte Produktion", „alternativer Anbau" sowie „biologischer Anbau" sind längst keine Schlagworte mehr. Der Konsument ist immer besser informiert und wählt nicht nur die Produkte kritisch aus, sondern er bewertet zunehmend die Produktionsweisen.

Aufgrund des genetischen Potentials, welches in der Familie der Kürbisgewächse schlummert, gibt es für die Züchter noch genug zu tun, um weitere Verbesserungen sowohl im Ertrag als auch in der Qualität zu erreichen.

Insgesamt gesehen, eröffnet sich ein sehr günstiger Ausblick für den Anbau der „schalenlosen" steirischen Ölkürbisse.

Es wäre aber auch weltweit wünschenswert, würde der Kürbisanbau gesteigert werden, denn er könnte in den Entwicklungsländern einen sehr hohen Beitrag zur Bekämpfung des Hungers leisten.

Dabei steht nicht nur die Nutzung der Frucht als Viehfutter oder Gemüse, sondern auch die Nutzung der Kerne im Mittelpunkt, denn diese haben aufgrund ihres hohen Eiweiß- und Fettgehaltes für die Ernährung besondere Bedeutung. An den für die Ernährung wichtigen Komponenten übertrifft der Kürbis die Sojabohne bei weitem (höhere Erträge bei Eiweiß, Fett- und Kohlenhydraten).

Stehen wir vor einem neuen Kürbiszeitalter?

Die Kultur der Speisekürbisse

Im Hausgarten ist die Kultur etwa mit der der Gurken vergleichbar, vor allem, was die Klima- und Bodenansprüche anbelangt. Gewisse Arten lassen sich auf Komposthäufen ziehen. Auch auf schwarzer Mulchfolie gedeihen sie recht gut. Kürbisse gehören in die erste Tracht, d. h. daß sie Stallmist gut vertragen. Für den Eigenbedarf im Hausgarten reichen 2–5 Pflanzen leicht aus. Die Ernte läßt sich durch Abdeckung mit Lochfolie oder Vlies sowie durch Vorkultur (Anzucht in Töpfen) wesentlich verfrühen. Alle rankenden Formen brauchen viel Platz.
Nachstehend einige Kürbisvarietäten, die für den Anbau im Hausgarten geeignet sind:

Riesenkürbis

Jene Kürbisform, welche wegen ihrer Größe für Wettbewerbe geeignet ist. Das wohlschmeckende gelbe Fleisch kann man für Kochzwecke zubereiten oder süßsauer konservieren. Ebenso läßt sich das Fruchtfleisch zum Strecken bei der Marmeladeherstellung verwenden.

Spaghettikürbis

Diese japanische Spezialität hat ebenfalls lange Ranken. Die Früchte sind hellgelb und werden als Ganzes gekocht. Dadurch erhält das Fruchtfleisch ein spaghettiähnliches Aussehen, welches dann als Beilage serviert wird.

Zucchini

Man unterscheidet gelbe und grüne Zucchini. Für den Frischverzehr müssen sie jung geerntet werden (15–20 cm Länge). Man braucht sie dann nicht zu schälen. Gekocht eignen sich Zucchini für Mischgerichte oder als gefüllte Früchte. Die Pflanze ist nicht rankend (Buschtyp). Die Ernte erfolgt laufend (2–3 mal je Woche).

Patison

Die heutigen Sorten sind meist nicht rankend. Das zarte Fruchtfleisch hat einen stärkeren Eigengeschmack als Zucchini. Die Ernte erfolgt bei einem Durchmesser von 10 bis 15 cm. Verwendung finden die „Ufos" – so werden die Früchte wegen ihres scheibenartigen Aussehens oft bezeichnet – hauptsächlich als Kochgemüse.
Die männlichen Blüten können ebenso wie bei den Zucchinis in Teig gebacken werden. Wie bei Zucchini soll man laufend ernten, um möglichst immer junge Früchte für die Küche bereit zu haben.

Rondini

Stammen aus Südafrika und gehören dort zu den Hauptgemüsen. Die Pflanze rankt sehr stark und ist eine richtige Kletterart. Die Früchte sind im unreifen Zustand in Form und Farbe dem steirischen Ölkürbis sehr ähnlich. Sie erreichen aber nur die Größe von kleinen Melonen. Im reifen Zustand sind die Früchte orangerot. Sie enthalten viel Carotin und Mineralstoffe und sind mild im Geschmack.
Verwendung: Nur gekocht, dabei werden die Früchte halbiert, das Kerngehäuse entfernt und die Hälften kurz in Wasser gekocht. Sie schmecken sehr gut als Vorspeise (Auslöffeln der Hälften) oder als Beilage zu Fleischgerichten.
Wegen der höheren Wärmeansprüche ist eine Vorkultur empfehlenswert.

Die Inhaltsstoffe diverser Kürbisprodukte

Getrocknete Kerne

 6– 9% Wasser
45–53% Fett
32–38% Eiweiß
 4– 6% Mineralstoffe (Phosphor, Kali, Magnesium, Calcium etc.)
 3– 5% Kohlenhydrate
 2– 4% Rohfaser
Vitamine A, B, D und E
Spurenelemente Zink, Selen

Kürbiskernöl

Spezifisches Gewicht 0,90–0,92 kg je l. Fettgehalt 90%, davon
Linolsäure 40–60% ⎫
Ölsäure 25–40% ⎬ zusammen ca. 80%
Palmitinsäure 10–25% ⎭
Stearinsäure 3–6%
Sonstige Fettsäuren 1–2%

Fruchtfleisch

90–95% Wasser
 2– 6% Kohlenhydrate

rund 1% Roheiweiß
1–2% Rohfaser
rund 1% Rohasche (viel Kali, etwas Ca, P und Mg)

Preßkuchen

92–95% Trockensubstanz
55–68% Rohprotein (hochverdaulich)
 5–10% Rohfett
 4– 6% Rohfaser
10–15% N-freie Extraktstoffe
 8–12% Rohasche (viel Phosphor, Kali und Magnesium sowie viel
Natrium durch Kochsalzzugabe beim Pressen).

Kürbisfruchtsilage

Trockenmasse 8–12%
Roheiweiß 1,5–1,8% (ca. 2/3 davon verdaulich)
Rohfett 0,2–0,5%
Rohfaser 2–4%
N-freie Extraktstoffe 1–4%
Rohasche 1–2% (viel Kali, daneben Ca, P, Mg und Fe)
Stärkeeinheiten 50–80

Kürbis in der Küche –
traditionell, delikat und gesund

Obwohl die altindianische Pflanze aus Amerika stammt, verbinden Kenner den Kürbis heute in erster Linie mit der Steiermark.
Blüte, Frucht und Samen finden in der heimischen Küche großen Anklang.
Viele Kreationen wurden entwickelt, die besonders dem neuen Trend der anspruchsvollen Küche entsprechen. Heimische Kürbisse sind einzigartig und unverwechselbar im Geschmack; sie erzielen vorbeugende und heilende Wirkung bei vielen „Wehwehchen" unserer Zeit.

Frucht und Blüte als Gemüse

Von Mitte Juni bis Ende August blüht der Kürbis.
Blüten aus Fett gebacken sind dekorative Hauptspeisen. In Kombination mit pikanten Soßen oder würzigen Salaten schmecken sie ausgezeichnet. Bevorzugt werden Kräuterrahm- oder Kräuterjoghurtdressings für diese Salate gewählt.
Die Hauptangebotszeit der Frucht ist von Juli bis Oktober. Das saftige Fruchtfleisch enthält wenig Zucker und kaum Säure. Durch den hohen Wassergehalt, etwa 90–95%, ist es energiearm und so ein geeignetes Lebensmittel für Reduktionsdiäten. Von den Nährstoffen ist der Gehalt an Ballaststoffen, Kalium, Vitamin A und Folsäure auffallend hoch. Eiweiß, Fett, Kohlenhydrate, Calcium, Natrium, Phosphor, Magnesium, Eisen, Vitamine B_1, B_2, Niacin und C hingegen sind nur in Spuren enthalten.

Hinweise für die Verarbeitung

- Bei allen Rezepten Kürbis halbieren und mit einem Löffel Kerngehäuse ausschaben.

- Das Fruchtfleisch kleiner Kürbisse ist meist zarter und aromatischer.
- Für die Bereitung von süßsaurem Gemüse oder schmackhaftem Kürbiskompott eignen sich Gewürznelken, Ingwer, Essig oder Zitronensaft, Honig oder Zucker und Zimt. Es paßt ausgezeichnet zu Wild- und Schweinefleischgerichten.
- Salz, Pfeffer, Essig oder Zitronensaft, Paprikapulver, Knoblauch, Zwiebel, Petersilie, Kümmel, Paradeiser, Sauerrahm oder Obers und Butter sind häufige Bestandteile pikanter Kürbisspeisen.
- Durch Säuern mit Essig oder Zitronensaft behält das Kürbisfleisch seinen zarten Biß.
- In der Schale ist der Kürbis ca. 2 Wochen im Haushalt kühl lagerbar.

Interessantes aus der Volksheilkunde

Der Kürbis ist als ausgezeichnete Diät- und Heilspeise für Magenkranke, Übergewichtige, Nieren- und Blasenleidende, Gichtkranke, Rheumatiker, Diabetiker und Herzleidende bekannt.
Der hohe Gehalt an Wasser, Kalium und Ballaststoffen wirkt harntreibend und stuhlfördernd. Also ein ideales Entschlackungsmittel, vorausgesetzt, daß man mild würzt.

- Tip für einen Entschlackungstag mit Kürbis:
  Würfelig geschnittenen Kürbis unter Beigabe von etwas Milch langsam wallend zu einem dicken Brei verkochen und ohne Aufnahme anderer Speisen den Tag über verteilt essen.
- Tip bei brennenden Füßen und bei Krampfadern:
  Kürbisfleisch raffeln und roh auflegen.

Kürbiskerne – als Knabberei und Bäckerei

Schon Paracelsus sagte:
„Gegen jede Krankheit ist ein Kräutlein gewachsen."

Die vom vollreifen steirischen Ölkürbis gewonnenen weichschaligen, dunkelgrünen Kerne haben eine besonders interessante Nährstoffzusammensetzung.

Je nach Anbaujahr schwanken die Inhaltsstoffe:

Fett: 45–53%

Eiweiß: 32–38%

Kohlenhydrate: 3–5%

Rohfaser: 2–4%

Mineralstoffe: 4–6%

(Kalium, Phosphor, Kalzium, Magnesium, Eisen, Kupfer, Mangan, Selen, Zink)

Vitamine: E, B_1, B_2, B_6, C, A, D

ca. 615 kcal pro 100 g verzehrbarem Anteil

Das **Fett** in Kürbiskernen zählt zu den wertvollsten Pflanzenfetten. Ungefähr 80% der Fettsäuren sind ungesättigt, davon etwa 50–60% sogar mehrfach ungesättigt. Die im hohen Maß enthaltenen lebensnotwendigen, mehrfach ungesättigten Fettsäuren sind eine wichtige Ergänzung für eine vollwertige Ernährung. Sie müssen dem Körper regelmäßig zugeführt werden, da sie als Baustoff für die Bildung von Vitamin D, Hormonen und Zellwänden unentbehrlich sind. Damit beeinflussen sie wesentlich die Funktion der Transportvorgänge, enzymatischen Reaktionen und zellulären Immunreaktionen im Körper. Durch die günstige Fettsäurenkombination ist Kürbiskernfett auch leicht verdaulich.

Der Gehalt an **Phytosterinen** unterscheidet sich im Vergleich zu anderen Pflanzenfetten in Art und Menge gänzlich. Es wird dadurch eine besondere pharmakologische Wirkung zur Prostatabehandlung vermutet. Den Phytosterinen wird auch eine cholesterinsenkende Wirkung nachgesagt.

Einzigartig unter den Pflanzenölen ist auch der hohe Gehalt an **Squalen.** Sie gilt als Leitsubstanz. Squalen beeinflußt ebenfalls den Cholesterinhaushalt im Körper. Durch Messen des Squalengehaltes können Beimengungen anderer Pflanzenöle nachgewiesen werden.

Das Eiweiß zeichnet sich durch den Gehalt einiger seltener lebensnotwendiger Aminosäuren aus.

Citrullin ist eine Aminosäure, die als Katalysator bei der Harnstoffbildung im Rahmen des Zwischenstoffwechsels wirkt. Dadurch wird Ammoniak abgebaut. Das Gewebe wird entwässert. Ödeme schwellen ab. Dem Prostataleiden im Stadium I wird entgegengewirkt.
Eine besondere Bedeutung soll auch der Aminosäure **Cucurbitin** zukommen. Sie soll gegen Bandwürmer wirken.

Die Bedeutung der **Ballaststoffe** in unserer Wohlstandsgesellschaft ist hinlänglich bekannt. Sie sind unentbehrlich für einen funktionierenden Stoffwechsel. Ballaststoffe regen die Darmperistaltik an und regulieren Stuhlhäufigkeit und -gewicht.

Bei den Mineralstoffen sind **Kalium** und **Selen** erwähnenswert. Kalium wirkt stark entwässernd.
Selen, im Kürbiskern besonders reichlich vorhanden (deutlich mehr, als pflanzliche Lebensmittel im Schnitt enthalten), hat aus medizinischer Sicht besonderen Wert, vor allem bei Erkrankungen der Harnwege.

Das **Vitamin E** und der **Vitamin-B-Komplex** ergänzen die Wertstoffliste. Mit 20 bis 30 mg% **Vitamin E** zeigten sich Kürbiskerne in Studien besonders wirksam bei Herz-Kreislaufstörungen, Sterilität, Neigung zu Frühgeburten, Muskelschwund, klimakterischen Beschwerden und Bindegewebsveränderungen, wie z. B. Prostatahypertrophie.
Vitamin E wirkt auf die Strukturbeschaffenheit der glatten und auch der gestreiften Muskulatur.
Im Öl selbst hemmt Vitamin E die Oxidationsvorgänge. Es schützt somit die ungesättigten Fettsäuren und verhindert das Ranzigwerden.
Die **B-Vitamine** spielen im Körper eine bedeutende Rolle für Nerven und Stoffwechsel.

Charakteristisch für Kürbiskerne ist schließlich der hohe Gehalt an **Carotinoiden,** die dem Produkt die Farbe geben und anderen Pflanzenfetten fehlen.
Kürbiskerne und deren Produkte können erfolgreich zur Vorbeugung und zur unterstützenden Therapie von Funktionsstörungen im Bereich der Blase und Harnwege eingesetzt werden. Die umfassende Wirksamkeit beruht auf mehreren Inhaltsstoffen.

Hinweise für die Verarbeitung

- Durch leichtes Anrösten in Butter und Beigabe von Salz und Kräutern oder Zucker entfalten Kürbiskerne ein besonders köstliches Aroma.
- Gemahlen und geröstet sind Kürbiskerne ein begehrter Nußersatz für Mehlspeisen und diverse Füllungen.
- Kürbissprossen im Salat oder über Müsli gestreut sorgen in der Naturküche für Abwechslung.
- Kürbiskerne kann man kühl, dunkel und trocken im Haushalt mindestens 1 Jahr aufbewahren.

Interessantes aus der Volksheilkunde

Kürbiskerne gegen Bandwürmer

20–40 g Kürbiskerne mahlen, mit Honig und Milch zu einem Brei vermischen, auf nüchternen Magen am Morgen in 2 Portionen essen. 2–3 Stunden nach Einnahme der zweiten Kürbiskerndosis Rizinusöl als Abführmittel einnehmen. Nach der Volksmedizin sollen Bandwürmer durch den Kürbiskernbrei gelähmt werden und mit Hilfe eines Abführmittels abtransportiert werden.

Prostatakur

Täglich 2–4 gehäufte Eßlöffel Kürbiskerne, verteilt auf eine Morgen- und Abendportion, einnehmen. Besonders wirksam soll es sein, wenn man die Kürbiskerne in einen geschabten Apfel, in Joghurt oder Kefir verrührt.

Vom Kern zum Öl

Geschulte Preßmeister entwickelten durch langjährige Erfahrung ein optimales Herstellungsverfahren, um die wertvollen Inhaltsstoffe der Kürbiskerne zu schonen und den höchsten Gaumenansprüchen gerecht zu werden.

Die Kerne werden gewaschen, bei niedriger Temperatur getrocknet und schließlich kühl und dunkel gelagert. Nach Bedarf werden sie zu frischem Öl gepreßt. Pro Liter Öl werden 2,2–2,4 kg Kerne vermahlen und mit Wasser und Salz zu einem Brei geknetet. Salz fördert die Trennung von Fett und Eiweiß.

Die sterzige Masse röstet der Preßmeister etwa eine ½ Stunde, bis das Wasser verdampft. Das in den Kernen enthaltene Öl wird dadurch aufgeschlossen.

Schließlich kommt die Masse in die Presse. Zwischen Stahlplatten eingeschichtet, wird das Öl mit einem Druck von 300 bis 350 bar gewonnen. Die Temperatur von ca. 60° C wird peinlich genau eingehalten. Durch Einhalten schonender Verarbeitungsbedingungen bekommt Kürbiskernöl die typische Farbe, das unnachahmliche Aroma und den einmaligen, nußartigen Geschmack.

Die Schwebeteile läßt man entweder absitzen (ca. 1 Woche), oder man entfernt sie durch Filtration.

Hinweise für die Verarbeitung

- Das Öl mit dem feinen nußartigen Geschmack eignet sich besonders für herzhaft rustikale Salate.
- Beim Marinieren von Salaten gibt man das Öl vor dem Essig dazu. Damit wird eine bessere Haftbarkeit erzielt.
  Ausnahme: Kartoffelsalat, da die Kartoffeln das Öl zu stark aufsaugen.
- Eine rötlichbraune Farbe weist auf zu hohe Temperaturen bei der Erzeugung hin. Es wird dadurch rascher ranzig.
- Bei der Kennzeichnung aufpassen:
  Nur **„Echt steirisches Kürbiskernöl"** besteht zu 100% aus qualitativ hochwertigen steirischen Kürbiskernen.
  Es stammt ausschließlich aus Erstpressung.
  „Kürbiskernöl" wird aus 100% Kürbiskernen hergestellt. Die Herkunft der Kerne ist nicht definiert, es stammt ebenfalls aus Erstpressung.
  „Steirisches Salatöl" ist ein Mischöl und enthält nur zwischen 5 und

50% Kürbiskernöl. Der Anteil an Kürbiskernöl muß deklariert werden. Dieses Kernöl darf auch aus zweiter Pressung stammen.

- „Reines Kürbiskernöl" ist nicht raffiniert und enthält keine chemischen Zusätze. Die Herstellung von kalt gepreßtem Kürbiskernöl ist aufgrund der geringen Ausbeute und des mangelnden Geschmackes nicht möglich.

- Die Füllmengen der Abpackungen auf die Haushaltsgröße abstimmen. Durch langes Offenhalten der Flaschen verliert das Öl an Aroma und Geschmack.

- In geschlossener Form ist Kürbiskernöl bei 8–12° C dunkel gelagert mindestens 9 Monate haltbar.

- Kürbiskerne sind ein vorzüglicher Ersatz für süße Mandeln. Man blanchiert sie und verwendet sie wie Mandelkerne zu Mehlspeisen.

Rezeptteil

Kürbis in der Suppe.

Einfache Kürbissuppe

60 dag Kürbis
2 dag Butter
1 Zwiebel
1 l Gemüsesuppe
Salz, Pfeffer, Essig
Petersilie
Sauerrahm
Vollkornbrot

Zwiebel hacken, glasig in Butter anbraten und mit 50 dag würfelig geschnittenem Kürbisfleisch andämpfen. Danach pürieren und mit der Gemüsesuppe aufkochen, mit Salz, Pfeffer und ein paar Tropfen Essig würzen. Suppe einige Minuten ziehen lassen. Die restlichen 10 dag Kürbisfleisch grob raffeln und in der Suppe kurz ziehen lassen.
Einlage: In Butter geröstete Vollkornbrotwürfel und Petersilie. Die Suppe garniert mit Sauerrahm servieren.

Kürbiscremesuppe

60 dag Kürbis
2 dag Butter
2 kl. Zwiebeln
½ l Rindsuppe
2 Eier
1 l Milch
Salz
Pfeffer
1 Prise Muskatnuß, gerieben
4 dag geriebener Käse
gehackte Petersilie

Zwiebeln hacken, in Butter glasig anbraten. Kürbis schälen, raffeln und in Rindsuppe garziehen lassen. Eier mit Milch mischen, in die Suppe geben und bei mäßiger Hitze ziehen lassen, damit die Eier garen, ohne daß die Suppe kocht. Mit Salz, Pfeffer und wenig Muskatnuß abschmecken. Käse und Petersilie einstreuen und servieren.

Kürbisschaumsuppe

50 dag Kürbis
25 dag geröstete Weißbrotwürfel
10 dag geriebener Käse
Salz, Pfeffer, Zwiebel
⅛ l Obers

Kürbis schälen, würfeln und blanchieren. Anschließend Kürbis pürieren. Zwiebel fein hacken und in Butter anschwitzen. Nun das pürierte Kürbisfleisch beifügen und mit Obers und etwas Wasser oder Rindsuppe ca. 5 Minuten durchkochen lassen. Abschmecken, warm anrichten, geschlagenes Obers darunterziehen und aufwallen lassen.

Gemüsesuppe mit Kürbis

10 dag Weißkraut
10 dag Karotten
5 dag Sellerie
2 Zwiebeln
4 eingelegte Paradeiser
30 dag Kürbismus
10 dag Kartoffeln
Salz, Pfeffer
Saft einer Zitrone
Petersilie, gehackt
½ l Suppe

Weißkraut, Karotten, Sellerie, Zwiebeln kleinwürfelig schneiden und in Butter 20 Minuten dünsten. Danach die eingelegten Paradeiser, Kürbismus und Suppe dazugeben. Mit Salz und Pfeffer würzen, mit Zitronensaft säuern und noch ca. 5 Minuten ziehen lassen. Schließlich wird die Suppe mit würfelig geschnittenen, gekochten Kartoffeln und frischer, feingehackter Petersilie serviert.

Schlesische Kürbissuppe

50 dag Kürbis
½ l Wasser
Zimtrinde
Saft einer Zitrone
2 Gewürznelken
¼ l Milch
4 dag Weizenvollmehl
2 dag Butter
eine Prise Zucker
Salz
5 dag Kürbiskerne

Kürbis schälen und würfelig schneiden. Wasser mit Gewürzen aufkochen, Kürbiswürfel darin blanchieren und pürieren. Milch mit Mehl verrühren, in der Kürbissuppe aufkochen und mit Zucker, Salz und Zitronensaft abschmecken. Die Suppe mit Butterflöckchen garniert servieren.
Einlage: geröstete, gehackte Kürbiskerne.

Kürbis als Hauptspeise

Kürbis im Käsemantel

60 dag Kürbis
10 dag Sprossenkohl
1 Zwiebel
Knoblauch

⅛ l Obers
2 dag Butter
Salz, Pfeffer
Hartkäse
frischer Kerbel

Mit einem Kugelausstecher Kugeln aus Kürbisfleisch formen. Zwiebel und Knoblauch würfelig schneiden, den Sprossenkohl vierteln und zusammen mit dem Kürbis in Butter bißfest andünsten.
Als Beilage eignen sich Getreidelaibchen oder Erdäpfel.

Gebackener Kürbis

60 dag Kürbis
2 Eier
25 dag Mehl
20 dag Brösel
Salz
Fett zum Herausbacken

Kürbis in ½ cm dicke Scheiben schneiden, salzen und in Mehl, Ei und Brösel panieren. In heißem Fett herausbacken.
Passende Beilagen: Kräutersoßen, Salate.

Italienische Kürbisscheiben

80 dag Kürbis (geschält)
Salz
30 dag Schafkäse (Pecorino)
⅛ l Sauerrahm
gehackter Schnittlauch
10 dag Weizenvollmehl
1 Ei
20 dag Semmelbrösel
Fett zum Herausbacken

Kürbis in ½ cm dicke Scheiben schneiden. In Salzwasser ca. 5 Minuten blanchieren. Käse reiben und mit Sauerrahm und Schnittlauch verrühren. Die Käsemasse auf Kürbisscheibe streichen, mit einer 2. Kürbisscheibe zu einem Sandwich zusammenlegen. Diese Sandwiches in Mehl und Brösel panieren und in heißem Fett herausbacken.

Böhmischer Kürbis

60 dag Kürbis
4 dag Butter
10 dag Semmelbrösel, etwas Salz

Kürbis in Streifen schneiden, in Salz-Zitronenwasser blanchieren. Semmelbrösel in Butter rösten und über abgeseihtes Kürbisgemüse streuen. Passende Beilagen: Kräutermayonnaise und Salate.

Gratinierter Kürbis

80 dag Kürbis
10 dag Mehl
2 EL Olivenöl
8 Knoblauchzehen, feingehackt
Petersilie gehackt
Salz, Pfeffer

Kürbis schälen, würfeln und in Mehl tauchen. Auflaufform mit Öl einfetten, Kürbis hineingeben, Knoblauch und Petersilie darübergeben. Mit Salz und Pfeffer würzen, mit restlichem Öl beträufeln und bei 170° C im Rohr überbacken, bis sich eine schöne dunkelbraune Kruste gebildet hat.

Sommerratatouille

15 dag Zucchini
15 dag Melanzane
15 dag Zwiebeln

15 dag Paradeiser
10 dag Paprika
Knoblauch
Basilikum, Thymian, Lorbeerblatt
Salz und Pfeffer
Öl
Zitronensaft

Gemüse großwürfelig schneiden, in heißem Fett kurz anbraten, in einen Topf einschlichten, würzen, mit Zitronensaft beträufeln und gardünsten – bei mäßiger Temperatur.
Dazu passen: Salate mit Rahmmarinade.

Kürbis-Quiche

Teig:
25 dag Mehl
1 Dotter
10 dag Butter
Salz
ca. 3 EL Wasser

Fülle 1:
80 dag Kürbis
3 Knoblauchzehen
3 Zwiebeln
Salz
2 EL Olivenöl
gehackte Kresse
3 Eier
⅛ l Creme fraiche
10 dag Vollkornflocken
2 dag Butter
Pfeffer

Aus Mehl, Butter, Dotter, Salz und Wasser einen Mürbteig bereiten.

Den Teig ca. 1 cm dick ausrollen, eine Springform damit auslegen und einen ca. 2 cm hohen Rand formen. Kürbis schälen und raffeln. Knoblauch und Zwiebeln schälen, hacken, in Olivenöl glasig braten, Kürbis dazumischen und ca. 3–5 Minuten anrösten, auskühlen und mit Kräutern und Salz vermischen. Auf dem Teig gleichmäßig verteilen.
Eier mit Pfeffer und Creme fraiche vermischen und darübergießen. Vollkornflocken und Butterflocken darüberstreuen. Im vorgeheizten Rohr bei 200° C ca. ½ Stunde backen.

Fülle 2:
20 dag Faschiertes
10 dag gekochter Reis
5 dag Haferflocken
1 Ei
Zwiebel
Salz, Pfeffer
4 dag geriebener Käse
2 dag Butter

Faschiertes mit Reis, Ei und Gewürzen gut mischen und abschmecken. Fülle auf ausgerolltem Teig verteilen, mit Käse und Butterflocken bestreuen und backen.
Dazu paßt: Paprikasoße und Salat.

Gefülltes Kürbisgemüse

1–2 Kürbisse
Salz, Knoblauch, Zitronensaft

Fülle:
30 dag Faschiertes
Zwiebel
Petersilie
2 dag Fett
1 Ei
Salz, Pfeffer

4 dag geriebener Käse
2 dag Brösel
3 dag Butter

Kürbis halbieren und aushöhlen, innen mit Salz, Knoblauch und Zitronensaft einreiben und füllen. Die beiden Hälften in eine befettete feuerfeste Form geben, mit geriebenem Käse und Bröseln bestreuen, mit geschmolzener Butter betropfen und ca. 20 Minuten bei 200° C im Rohr backen.

Crepinette und Kotelette vom Milchlamm in Kürbiskernölsauce

400 g zupar. Lammkarree (mit Kotelettknochen)
200 g ausgel. Lammrücken (ohne Haut und ohne Knochen)
120 g kurz blanchierte Knoblauchblätter (Bärlauch)
1 Schweinsnetz
Salz, Pfeffer, Rosmarin, etwas Olivenöl

Sauce:
⅛ l Geflügelfond oder Rindsuppe
3 EL Sauerrahm
4 cl Kürbiskernöl
1 kl. Knoblauchzehe
Salz, Pfeffer

Farce:
1 Hühnerbrust
⅛ l bis ¼ l Obers
2 cl Weißwein
Salz, Pfeffer, Muskatnuß

Lammkarree mit Salz, Pfeffer und Rosmarin würzen, in etwas Olivenöl anbraten und im Rohr bei 220° C schön anbraten. Warm stellen!
Für die Farce gut gekühltes Hühnerfleisch zweimal faschieren. Eine Schüssel in Eiswasser stellen und dann mit einem Schneebesen das Hühnerfleisch mit Weißwein und gut gekühltem Schlagobers verrüh-

ren. Nun soviel Obers zufügen, wie das Fleisch aufnehmen kann. Mit Salz, Pfeffer und geriebener Muskatnuß würzen. Farce kalt stellen.

Lammrücken in 4 gleiche Teile schneiden, salzen, pfeffern und rundum mit gehacktem Rosmarin einreiben. In Olivenöl rasch anbraten und auskühlen lassen. Das Fleisch mit Farce dünn bestreichen, in Bärlauchblätter hüllen und noch eine dünne Schichte Farce auftragen und in passende Stücke vom Schweinsnetz hüllen. Olivenöl erhitzen. Die Crepinette rundum anbraten, bis das Netz leichte Farbe genommen hat. Im Rohr bei ca. 220° C fertig braten (ca. 8–10 Minuten).

Für die Sauce die kleine Knoblauchzehe zerdrücken, in etwas Kürbiskernöl anschwitzen und mit Geflügelfond aufgießen, etwas einkochen und Sauerrahm beigeben. Nun mit Kernöl ca. 2 Minuten lang mixen.

Als Beilage Polentanockerln und Gemüse der Saison.

Serbisches Kürbisgulasch

40 dag Kürbis
2 dag Butter
Pfeffer, Salz
3 dag Schmalz
10 dag Zwiebeln
Paprika, Petersilie
⅛ l Sauerrahm
20 dag Gulaschfleisch (Wadschinken)
1 Karotte
¼ Sellerieknolle
½ Petersilienwurzel

Kürbis schälen und raffeln. Das Kürbisfleisch in heißer Butter glasig anbraten und würzen.

Das würfelig geschnittene Gulaschfleisch und Zwiebel in heißem Schmalz anbraten, Karotte, Sellerieknolle und Petersilienwurzel ebenfalls kleinwürfelig geschnitten dazugeben und kurz durchrösten. Danach das Kürbisgemüse untermischen und fertiggaren. Vor dem Servieren mit Sauerrahm und gehackter Petersilie abschmecken.

Dazu passen Erdäpfel- oder Getreidelaibchen.

Kürbisauflauf

60 dag Kürbis
10 dag geriebener Käse
1 gr. Zwiebel
40 dag faschiertes Rindfleisch
Salz, Pfeffer
Basilikum, Thymian, Estragon
1 Semmel
1 Ei
2 dag Mehl
10 dag Paradeiser

Kürbis schälen und würfeln (und in eine befettete Auflaufform schichten). Zwiebel hacken. Fleisch mit der halben Zwiebelmenge, den Gewürzen, einer in Wasser eingeweichten und gut ausgedrückten Semmel und dem Ei gut durchkneten und ca. ½ Stunde durchziehen lassen. Auflaufform befetten und Kürbiswürfel einschichten, Käse und die 2. Hälfte der Zwiebel darüberstreuen. Darüber die faschierte Masse gleichmäßig verteilen und mit in Scheiben geschnittenen Paradeisern abschließen. Mit Folie abdecken und im Backrohr bei ca. 200° C 1 Stunde backen.
Dazu passen Salate.

Kürbissoufflé

60 dag Kürbis faschieren oder pürieren
4 Eier
10 dag geriebener Käse
2 dag Butter
5 dag Mehl
$\frac{1}{16}$ l Milch
Salz

Pfeffer

Mit Butter, Mehl und Milch ein Bechamel bereiten. Bechamel, den pürierten Kürbis und die Gewürze vermischen. Danach die Dotter dazugeben, den geriebenen Käse und zum Schluß den steif geschlagenen Schnee unterheben.

Die Masse in eine befettete Backform geben und bei 190° C ca. ½ Stunde backen.

Dazu passen Salate.

Kernöldalken

⅛ l lauwarme Milch
20 g Germ
150 g Mehl, glatt
2 Dotter
4 cl Kernöl
1 EL Speck, feingewürfelt und angeröstet
1 EL Zwiebel, feingewürfelt und angeröstet
1 EL Kürbiskerne, grob gehackt
Salz, Pfeffer, Zucker, Eiweiß steif geschlagen

Aus etwas lauwarmer Milch, Germ, Zucker und etwas Mehl ein Dampfl anrühren. Wenn die Germ aufgegangen ist, restliche Zutaten einrühren (ohne Eiweiß) und ca. 1 Stunde gehen lassen, steif geschlagenes Eiweiß unterrühren und mit Salz und Petersilie abschmecken.

In Dalkenpfanne oder in normaler Pfanne mit Ringform 3–4 Dalken pro Person backen.

Hinweis:

Dalken (Liwanzen) sind eine aus Böhmen stammende Mehlspeise, bei der ein mit Eischnee gelockerter Germteig (Hefeteig) beidseitig gebak-ken wird. Die kleinen Hefekuchen werden meist mit Powidl (Pflaumen-mus) oder Kompottfrüchten gefüllt.

Diese Dalken können mit Salat als Vorspeise oder mit eingemachtem Cremegemüse (Kohlrabi, Linsen, Kürbis, Kohl usw.) als Haupt- oder

Zwischengericht serviert werden. Weiters können die Dalken als Beilage zu Bratengerichten oder lauwarm zum Wein gegessen werden.

Kürbis mit Käse

60 dag Kürbis
20 dag Topfen
2 EL Sauerrahm
Salz, Pfeffer, Knoblauch
Essig
5 dag geriebener Käse
3 dag Butter

Kürbis in Scheiben schneiden und in kochendem Salz-Essig-Wasser blanchieren. Aus Topfen, Rahm und den Gewürzen eine feste Creme rühren und die Kürbisscheiben damit bestreichen. Dicht mit geriebenem Käse sowie mit Paprika bestreuen, Butterflocken darauf verteilen und kurz im Backrohr bei 230° C überbacken.

Fischerkürbis

60 dag Kürbis
1 Tube Sardellenpaste
Salz, Zitronensaft
1 Ei, Mehl
Brösel

Kürbis in ½ cm dicke Scheiben schneiden, mit Salz und Zitronensaft beträufeln, eine Stunde stehen lassen. Beide Seiten dünn mit Sardellenpaste bestreichen, mit Mehl, Ei und Brösel panieren und in heißem Fett herausbacken.

Gebackene Kürbisblüten mit grüner Soße

Teig:
12 bis 15 Kürbisblüten

20 dag Mehl
2 Eier
³⁄₁₆ l Wein
Salz
Schmalz zum Herausbacken

Soße:
Dotter
Salz, Pfeffer, Senf
1 TL Zitronensaft
⅛ l Kürbiskernöl
⅛ l Sauerrahm oder Topfen

Dotter, Mehl, Salz und Wein zu einem festen Backteig rühren, Eiklar zu
Schnee schlagen und unterheben. Teig rasten lassen, Blüten waschen,
ein wenig abtupfen und durch den Teig ziehen. In heißem Fett kurz
herausbacken und gut abtropfen lassen.
Für die Soße aus Dotter, Gewürzen, Zitronensaft und Kernöl eine
Mayonnaise bereiten, mit Sauerrahm oder Topfen verlängern.

Gefüllte Kürbisblüten

12 Kürbisblüten
Schmalz zum Herausbacken

Backteig:
20 dag Mehl
2 Eier
³⁄₁₆ l Wein, Bier oder Milch
Salz

Fülle:
3 dag Butter
2 Zwiebeln, gehackt
7 dag Semmelbrösel
3 Dotter
gehackte Petersilie

Zitronensaft
Salz, Pfeffer

Backteig bereiten (siehe gebackene Kürbisblüten). Für die Fülle Zwiebeln in Butter glasig anbraten.
Zwiebeln in Schüssel geben und mit restlichen Zutaten vermischen. Etwas Fülle auf jede Blüte geben und einrollen oder zusammenschlagen. Die gefüllte Blüte durch den Backteig ziehen und in heißem Fett herausbacken.

Kürbisstrudel

25 dag Mehl
1 Ei
1 El Kürbiskernöl
1 Kl Essig
⅛ l lauwarmes Wasser
Öl zum Backen

Fülle:
1 kg Kürbis
Salz
5 dag Butter
7 dag Mehl
1 Bund Petersilie, gehackt
1 Bund Dill, gehackt
15 dag Zwiebel, feingehackt
⅛ l Sauerrahm
Paprika

Einen Strudelteig bereiten und 20 Minuten rasten lassen. Auf einem bemehlten Strudeltuch den Teig ausziehen, die Fülle daraufstreichen

Bild rechts:
Das echt steirische Kürbiskernöl

und einrollen. Handbreite Stücke schneiden und in heißem Öl herausbacken.

Fülle: Kürbis schälen, würfelig schneiden, salzen, eine ¾ Stunde stehen lassen, Zwiebel in Butter goldgelb anbraten, Mehl kurz mitrösten und dann Zwiebel, Kräuter und ausgedrückten Kürbis einmischen. Mit Paprika und Rahm verrühren und im eigenen Saft weichdünsten.

Kürbisse – italienische Art

60 dag Melanzane
20 dag Zucchini
20 dag Paradeiser
3 Zwiebeln
Knoblauch
gehackte Petersilie
Öl
Salz, Pfeffer

Zwiebeln hacken, in etwas Öl rösten und zerdrückten Knoblauch und Petersilie beimengen. Danach die geschälten, würfelig geschnittenen Melanzane und Zucchini dazugeben, salzen, Pfeffern und dünsten. Zum Schluß die geschälten, geschnittenen Paradeiser dazugeben und das Ganze unter leichtem Rühren noch ca. 10–15 Minuten dünsten. Mit Parmesan bestreuen und servieren.

Kürbis auf „Nizza-Art"

80 dag Kürbis
2 EL Öl
2 Zwiebeln, gehackt
Knoblauchzehen, gehackt

Bild links:
Steirische Salatkreation mit Kürbiskernölmarinade und Sechskornbrot

65

4 EL gekochter Reis
Salz
Parmesan
2 dag Butter

Kürbis schälen und raffeln. Knoblauch in Öl glasig braten, Kürbis dazugeben, mit restlichen Zutaten vermengen und in eine befettete Auflaufform füllen. Mit Parmesan bestreuen, mit etwas Butter beträufeln und bei 220° C im Rohr ½ Stunde überbacken.

Kürbis als Beilage und Salat

Kroatischer Kürbis

60 dag Kürbis
15 dag Paradeiser
5 dag Butter
Dill
Salz, Pfeffer
Knoblauch

Kürbis und Paradeiser würfelig schneiden und in Butter anbraten. Feingehackten Dill und Gewürze beimengen, mit wenig Wasser aufgießen und bei kleiner Flamme ca. 20 Minuten dünsten.

Einfaches Kürbisgemüse

60 dag Kürbis
1 EL Weinessig
2 dag Schweineschmalz
2 dag Mehl
etwas Rindsuppe
gehackter Dill
1 EL Sauerrahm
1 KL Paprika

Kürbis schälen, raffeln, salzen und mit Weinessig übergießen. Gemüse zugedeckt auf Biß weichkochen. Aus Schmalz und Mehl Einbrenn bereiten und mit Rindsuppe aufgießen. Die Einmach in den Kürbis geben, aufkochen, würzen und zum Schluß das Paprika-Rahm-Gemisch beifügen. (Darf nicht mehr kochen, da Rahm sonst ausflockt.)

Kürbisgemüse mit Rahm

60 dag Kürbis
Kümmel, Salz
2 Zwiebeln
2 dag Schmalz
1 EL Essig
1 KL Paprika
1 EL Sauerrahm
1 EL Mehl
2 EL Wasser oder Rindsuppe
gehackte Petersilie

Kürbis schälen, raffeln, mit Kümmel und Salz würzen und nach ca. ½ Stunde Saft abseihen. Zwiebeln hacken, in Schmalz anrösten, Kürbis kurz durchrösten und mit Kürbissaft aufgießen, würzen und weichdünsten.
Kürbis mit Teigerl aus Rahm, Mehl und Wasser binden – kurz aufkochen lassen und mit Petersilie bestreut servieren.

Steirisches Kürbisgemüse

60 dag Kürbis
2 dag Butter
4 dag Zwiebel
edelsüßer Paprika
¹⁄₁₆ l Obers
1 EL Sauerrahm
Salz, Pfeffer, Kümmel

Essig

Kürbis schälen, halbieren, entkernen und nudelig oder blättrig schneiden. Zwiebel gehackt in heißer Butter glasig anbraten, Kürbiskraut und Paprika beigeben, Salz, Pfeffer und Kümmel dazugeben und mit Obers aufgießen. Kurz kochen und vor dem Servieren mit Sauerrahm, Essig und den Gewürzen abschmecken.
Ideale Beilage für gekochtes Rindfleisch oder Geflügel.

Kürbiskernnockerln – Hausrezept „Weststeirischer Hof"

Kartoffelteig:
¼ kg Kartoffeln
10 dag Kernöl
1 Ei
1 Dotter
Salz, Muskat
Brandteig: ¼ l Wasser, 10 dag Mehl, 5 dag Butter, 3 Eier, Salz, 8 dag gehackte Kürbiskerne, Butterschmalz zum Herausbacken

Kartoffeln schälen, blättrig schneiden und in Salzwasser auf Punkt weichkochen. Kartoffeln passieren, mit Kernöl, Ei, Dotter, Salz und Muskat zu einem Kartoffelteig verarbeiten. Wasser, Salz und Butter aufkochen, Mehl einrühren und so lange rühren, bis sich der Teig vom Gefäß löst und klumpt. Den Teig auskühlen und nach und nach die Eier einrühren. Mit Brandteig und 8 dag gehackten Kürbiskernen vermischen. Aus diesem Teig Nockerln formen und im Butterschmalz herausbacken. Kürbiskernnockerln sind eine originelle Beilage (mit Soße serviert eignen sie sich auch als Vor- oder Hauptspeise).

Kürbis als Salat
(Kürbisrohkost)

30 dag Kürbis
2 Karotten
8 dag Sellerie

8 dag Kohlrabi
1 EL Kürbiskerne
Salz, Pfeffer
Kernöl
Apfelessig

Gemüse raspeln, mischen, mit Salz, Pfeffer und Essig vermischen. Kürbiskerne rösten und hacken. Den Salat mit Kürbiskernöl beträufeln und die Kerne darübergeben.

Kürbissalat mit Joghurtdressing

50 dag Kürbis
¼ l Joghurt
2 EL Zitronensaft
1 TL Honig
4 dag geriebene Walnüsse

Kürbis schälen und fein hobeln. Joghurt mit Zitronensaft, Honig und geriebenen Walnüssen vermischen. Kürbis marinieren und vor dem Servieren einige Zeit ziehen lassen.

Kürbissalat pikant

50 dag Kürbis
1 Apfel
2 EL Sauerrahm
Senf
Zitronensaft
Salz, Pfeffer
Zucker
Ingwerpulver

Sauerrahm, Senf, Zitronensaft und Gewürze vermischen. Kürbis schälen, hobeln und mit dem geriebenen Apfel und der Soße verrühren. Den Salat 1 Stunde ziehen lassen.

Kürbis-Karotten-Radieschensalat

20 dag Kürbisse
10 dag Karotten
1 Bund Radieschen
Salz
gehackte Petersilie
Essig, Öl

Kürbisse, Karotten, Radieschen feinnudelig schneiden, salzen und leicht blanchieren. Auskühlen lassen, mit gehackter Petersilie bestreuen und mit Öl und Essig marinieren.

Salate mit Kürbiskernöl

Steirische Salatkreation

Krauthäuptl
Eichblatt
Brunnenkresse
Gurken in Scheiben
Champignons
Bierrettich
Radieschen
geröstete Kürbiskerne

Marinade:
1 EL Walnußöl
1 EL Apfelessig
1 EL Dijon-Senf
1 Zitrone (Saft)
ca. $\frac{1}{16}$ l Kürbiskernöl
etwas Salz und Zucker

Auf einem großen Teller die gewaschenen, trockenen Salatblätter bzw. das Gemüse schön plazieren.

Senf mit den Ölen verrühren (wie Mayonnaise), Zucker, Salz, Zitronensaft, Essig beimengen.

Die Salatblätter und das Gemüse mit der Marinade beträufeln und mit gerösteten Kürbiskernen bestreuen.

Eiersalat

2 Eier
2 große Zwiebeln
Salz
¹⁄₁₆ l Obstessig
3 EL Kernöl

Eier kernweich kochen. Zwiebeln fein hacken. In einer Schüssel Essig, Kernöl, Salz und Zwiebeln verrühren, Eier schälen, in Spalten schneiden und darauflegen.

Rindfleisch auf steirische Art

gekochtes mageres Rindfleisch
Salz
Pfeffer
Pimpanelle
2 Zwiebeln
4 EL Kernöl
¹⁄₁₆ l Weinessig
½ Ei hartgekocht
2 Essiggurkerln
10 dag gekochte Käferbohnen

Rindfleisch in feine Streifen schneiden, mit Salz, Pfeffer, Pimpanelle und gehackten Zwiebeln sowie Kernöl und Weinessig vermischen. Gemisch einige Stunden ziehen lassen. Danach nochmals durchrühren und mit Eispalten, Gurkerln und Käferbohnen garnieren.

Bunter Fleischsalat

2 große Zwiebeln
Salz
40 dag magere Fleischreste vom Schwein, Rind und Geflügel
10 dag Preßwurst
1/16 l Essig
4 EL Kernöl
1/2 Ei hartgekocht

Zwiebeln hacken und mit Salz bestreuen. Fleischreste und Preßwurst kleinblättrig schneiden. Mit Essig und Kernöl marinieren, mit Ei garnieren.

Zupf-, Kopf- und Endiviensalat

Salat
Kürbiskernöl
Essig
Salz
Knoblauch

Salat wie gewohnt vorbereiten. Mit Kürbiskernöl, Salz und Essig marinieren. Wer kräftige Salate liebt, würzt Blattsalate schließlich noch mit zerdrückten Knoblauchzehen.

Chinakohl- und Zupfsalat

Salat
Kürbiskernöl
Salz
Essig
Pfeffer
Kümmel
Knoblauch

Salat feinnudelig schneiden. Mit Kürbiskernöl, Essig und den Gewürzen marinieren.

Krautsalat

Kraut
Kürbiskernöl
Mostessig
Kümmel
weißer Pfeffer

Kraut feinnudelig schneiden, mit Salz und Kümmel gut durchkneten. Salat mit Kürbiskernöl und Essig marinieren.

Sauerkrautsalat

Sauerkraut
Kernöl

Sauerkraut mit Kürbiskernöl vermengen und servieren.

Kartoffelsalat

Kartoffeln, gekocht
Zwiebeln
Salz, Pfeffer
Apfelessig
Kürbiskernöl

Kartoffeln blättrig schneiden. Zwiebeln hacken, mit Essig, Salz, Pfeffer und schließlich Kürbiskernöl marinieren.

Gurkensalat

Gurken
Kürbiskernöl

Essig
Sauerrahm
Salz

Gurken blättrig schneiden, mit Kürbiskernöl, Sauerrahm, Essig, Salz und Pfeffer marinieren.

Fisolensalat

Gekochte Fisolen (Bohnschoten)
Kürbiskernöl
Salz
Essig
Pfeffer
1 gehackte Zwiebel
1 Zehe Knoblauch

Bohnschoten warm mit Kürbiskernöl, Salz, Essig, Pfeffer, Zwiebel und zerdrücktem Knoblauch marinieren.

Paradeissalat

Paradeiser
Zwiebel
Salz
weißer Pfeffer
Kürbiskernöl
Apfelessig

Paradeiser blättrig schneiden, mit gehackter Zwiebel, Salz, Pfeffer, Kernöl und Essig marinieren. Eventuell gehackte Petersilie oder Schnittlauch darüberstreuen.

Karfiolsalat

Karfiol

Kürbiskernöl
Mostessig
Salz
Pfeffer

Die noch heißen, abgeseihten kernweich gekochten Karfiolröschen mit Kürbiskernöl, Mostessig, Salz und Pfeffer vermischen.

Bohnensalat

Gekochte Bohnen
Kürbiskernöl
Mostessig
gehackte Zwiebel
Salz, Pfeffer
zerdrückte Knoblauchzehe

Bohnen noch warm mit Kürbiskernöl, Essig, Zwiebel, Knoblauch, Salz und Pfeffer abmischen und ziehen lassen.

Radieschensalat

Radieschen
Kürbiskernöl
Mostessig
Salz
Pfeffer

Radieschen feinblättrig schneiden, mit Kürbiskernöl, Essig, Salz und Pfeffer vermengen.

Rettichsalat

schwarzer Rettich
Kernöl
Salz

Rettich fein raffeln, etwas salzen und nur mit Kernöl marinieren.

Paprika-Rahm-Salat

2–3 Paprikaschoten
2 Zwiebeln
⅛ l Sauerrahm
1 EL Kernöl
Salz

Paprikaschoten in Ringe schneiden und mit feingehackten Zwiebeln vermischen. Sauerrahm, Kürbiskernöl und Salz gut verrühren und über vorbereitetes Gemüse gießen.

Kürbis als Nachspeise

Kürbis-Obst-Salat

30 dag Kürbis
10 dag Zwetschken
20 dag Trauben
2 Äpfel
5 dag Walnüsse
Zitronenmelisse oder Pfefferminze
Honig zum Süßen

Von einem kleinen Kürbis den Deckel abschneiden. Kerne und Fruchtfleisch mit einem Löffel vorsichtig herausschaben und kühl stellen. Äpfel schälen und zusammen mit ca. 30 dag Kürbisfleisch, den gewaschenen Trauben und den entkernten Zwetschken kleinwürfelig schneiden. Alles gut durchmischen, mit Honig süßen und zugedeckt ca. 20 Minuten ziehen lassen. Dann die frischgezupften Melisse- oder Minzblättchen daruntergeben und in den gekühlten Kürbis füllen. Mit Walnußkernen oder gerösteten süßen Kürbiskernen garniert servieren.

Kürbispudding

2 Eier
10 dag Zucker
1 Prise Salz
Muskat, Zimt
25 dag püriertes Kürbisgemüse
¼ l Obers
Rum oder Cognac

Eier, Zucker, Salz und Gewürze gut schaumig schlagen. Kürbis, Obers und Rum oder Cognac gut unterheben. In eine befettete, bebröselte Puddingform füllen und im Wasserbad 1 Stunde backen. Kalt oder warm mit Schlagobers servieren.
Dazu paßt Preiselbeerkompott.

Kürbis-Topfen-Kuchen

Mürbteig:
15 dag Mehl
10 dag Butter
5 dag Staubzucker
1 Ei
1 Prise Salz

Fülle:
20 dag Gervais
50 dag Magertopfen
2 Eier
2 Dotter
10 dag Staubzucker
1 Prise Salz
Vanillezucker
6 dag Maizena
40 dag pürierter Kürbis
Saft einer Zitrone

2 Eiklar

Boden: Aus Mehl, Zucker, Butter, Ei und Salz einen Mürbteig zubereiten und in Größe der Tortenform ausrollen, einlegen und im vorgeheizten Rohr bei 220° C backen. Auskühlen.

Für die Fülle Gervais, Topfen und Dotter verrühren. Zucker, Vanillezucker, Maizena und Salz untermischen. Kürbismus, Zitronensaft und zum Schluß den steifgeschlagenen Schnee unterheben. Die Masse auf den vorgebackenen Boden füllen. Im vorgeheizten Rohr bei 180°C 1 Stunde backen. Einige Stunden auskühlen lassen.

Kürbisbrot

1 kg Weizenvollmehl
1 TL Salz
4 dag Butter
8 dag Germ
8 dag Zucker
40 dag pürierter Kürbis
5 dag Rosinen
5 dag geriebene Kürbiskerne
⅛ bis ¼ l Wasser

Aus Mehl, Salz, Butter, Germ, Zucker und dem lauwarmen Wasser einen Germteig zubereiten, zum Schluß pürieren, Kürbis und Rosinen einkneten. Warm stellen und 30 Minuten rasten lassen. In eine befettete Kastenform füllen, nochmals 15 Minuten rasten lassen, mit Ei oder Wasser bestreichen und bei 180° C ca. 45 Minuten backen.

Kürbisblüten gebacken

12 Kürbisblüten
2 Eier
4 dag Zucker
1 Prise Salz

¼ l Milch
25 dag Mehl
Fett zum Herausbacken

Blüten waschen und vorsichtig abtrocknen. Eier mit Zucker und Salz schaumig schlagen und Milch und Mehl unterheben. Blüten durch den Teig ziehen und in heißem Fett kurz herausbacken.
Dazu paßt: Preiselbeerkompott.

Steirische Kaffeekürbiskerne

40 dag Kürbiskerne
25 dag Zucker
¹⁄₁₆ l Wasser
2 EL Löskaffee

Zucker und Wasser bis zum langen Faden kochen (wenn man Löffel in Flüssigkeit eintaucht und herausnimmt, muß über dem Löffelrücken ein längerer Faden nachziehen). Den Löskaffee sodann rasch einrühren und mit gerösteten, noch heißen Kürbiskernen vermengen. Zum Auskühlen auf einem geölten Backblech ausbreiten.

Steirische Schokoladekürbiskerne

40 dag Kürbiskerne
10 dag Schokolade

Geriebene Schokolade mit den heißen gerösteten Kürbiskernen in einer Schüssel rasch vermengen. Zum Auskühlen auf ein Backblech breiten.

Kürbiskernparfait

3 Eier
10 dag Feinkristallzucker
½ l Schlagobers
10 dag Kürbiskerne

4 dag geriebene Schokolade
Öl

Soße:
10 dag Schokolade
10 dag Butter

Eier mit Zucker über Dunst schaumig schlagen und im kalten Wasserbad
weiterrühren, bis die Masse kalt geworden ist. Schlagobers steif schlagen
und Kürbiskerne in heißer, leicht geölter Pfanne rösten, bis sie braun
sind. Alle Zutaten vorsichtig zusammenmischen. Die Masse in eine
Form füllen und in der Gefriertruhe durchfrieren. Parfait aus der Form
stürzen, portionieren und mit heißer Schokoladensoße servieren.
Soße: Schokolade und Butter im Wasserbad erweichen.

Kuchen und Füllen mit Kürbiskernen

Schoko-Kürbiskern-Kuchen

5 Eiklar
10 dag Feinkristallzucker
5 dag Mehl
1 Msp. Backpulver
10 dag geriebene Schokolade
10 dag geriebene Kürbiskerne
5 zerklopfte Dotter
3 dag zerlassene Butter
2 EL Rum

Aus Eiklar und Feinkristallzucker einen steifen Schnee schlagen. Mehl
vermischt mit Backpulver, Schokolade und Kürbiskernen sowie Dotter,

Bild rechts:
Crepinette und Kotelette vom Milchlamm in Kürbiskernölsauce

Butter und Rum unter Schnee einmischen. Masse in befettete Kuchenform geben und bei 190° C ca. 50 Minuten backen.

Kürbiskuchen

6 Eier
15 dag Zucker
15 dag geriebene Kürbiskerne
3 dag Brösel
2 dag Mehl

Eier mit Zucker schaumig rühren. Kürbiskerne, Brösel und Mehl daruntermengen. In einer befetteten Form bei 190° C backen.

Erdäpfelroulade

10 dag Butter
1 Dotter
2 EL Kernöl
$\frac{1}{16}$ l Wasser
20 dag Mehl
1 kg Erdäpfel
$\frac{1}{16}$ l Speiseöl
1 kleingehackte Zwiebel

Butter zerlassen, mit Dotter, Kernöl und Wasser vermengen und mit Mehl zu einem glatten Teig rühren. Rasten lassen. Inzwischen Erdäpfel schälen und nudelig schneiden oder raffeln. Danach gibt man Speiseöl in eine Pfanne, bratet die Zwiebel goldgelb an und röstet darin dann die Erdäpfel. Geröstete Erdäpfel auskühlen.
Teig rechteckig und dünn auswalken. Die Erdäpfel daraufgeben, salzen, pfeffern und in 2 Rollen aufrollen. Diese auf das Blech legen, hellbraun

Bild links:
Gefüllte Zucchini

81

bei 230° C backen, auskühlen und mit Schlagobers verzieren. Die Rouladen in Stücke schneiden und mit Rahmsalat servieren.

Apfelstrudel

Teig:
40 dag Mehl
3 EL Kürbiskernöl
Salz
⅛ l lauwarmes Wasser

Fülle:
1 kg Äpfel
Zucker
Zimt
Brösel
Rosinen
Zitronensaft

Aus Mehl, Kürbiskernöl, Salz und Wasser einen Strudelteig bereiten. Strudelteig ½ Stunde rasten lassen, ausziehen, mit Fülle bestreichen und bei guter Hitze backen.

Glasierter süßer Kürbiskernstrudel

Teig:
⅛ l Milch
3,5 dag Butter
25 dag Mehl
1,5 dag Germ
1 Ei
Salz
Zitronensaft
2 dag Zucker

Fülle:

¼ l Milch
15 dag geriebene Kürbiskerne
1 KL Honig
1 KL gemahlener Kaffee
2 dag gehackte Rosinen
5 dag Kuchenbrösel
Rum
Zimt
Vanillezucker

Glasur:
Marmelade
Fondant

Aus Mehl, erwärmter Milch, Butter, Germ, Ei, Salz, Zucker und Zitronensaft einen Germteig bereiten. Teig zugedeckt an einem warmen Ort eine halbe Stunde rasten lassen.
Für die Fülle Milch mit Kürbiskernen, Honig, Kaffee, Rosinen, Kuchenbrösel, Rum, Zimt und Vanillezucker aufkochen und danach abkühlen. Den Teig ausrollen, mit Fülle bestreichen, aufrollen, in eine befettete und bestaubte Wandelform legen, nochmals rasten lassen, mit Ei bestreichen und bei 180° C 35 Minuten backen. Kurz abkühlen lassen, die Oberseite des Kuchens mit Marmelade bestreichen, dünn mit Fondant glasieren und mit gehackten Kürbiskernen bestreuen.

Mürbe Schnitten

50 dag Mehl
25 dag Staubzucker
1 Pkg. Vanillezucker
20 dag Butter
2 Eier
Saft einer Zitrone
etwas Milch

Fülle:

10 dag geriebene Kürbiskerne
3 EL Marillenmarmelade
1 Ei zum Bestreichen

Aus Mehl, Staubzucker, Butter, Eiern, Zitronensaft, Vanillezucker und
Milch einen Mürbteig bereiten. Die Hälfte des Teiges auf einem Backblech ausrollen. Darüber Marillenmarmelade streichen und mit geriebenen Kürbiskernen bestreuen.
Die 2. Teighälfte ausrollen und draufgeben. Mit Ei bestreichen und bei
200° C ca. 40 Minuten backen.

Mürber Vollkornstrudel

Teig:
30 dag Weizenvollkornmehl
20 dag Butter
10 dag Honig
2 Dotter
1 Prise Salz

Fülle:
20 dag geriebene Kürbiskerne
10 dag Honig

Aus Mehl, Honig, Butter, Dotter und Salz einen Mürbteig bereiten. Den
Mürbteig ½ Stunde rasten lassen. Für die Fülle die gemahlenen Kürbiskerne mit dem Honig vermischen. Teig ½ cm dick ausrollen.
Teig mit Fülle bestreichen und einrollen. Auf einem befetteten Blech bei
180° C backen.

Radkersburger Kürbiskernauflauf

20 dag Mehl
18 dag Staubzucker
1 Pkg. Vanillezucker
2 Dotter

1 Ei
12 bis 15 dag geschälte, geriebene Kürbiskerne
20 dag Butter

Fülle:
15 dag geriebene Kürbiskerne
15 dag geriebene Nüsse
15 dag Staubzucker
10 dag Brösel
10 dag Rosinen
¼ l Obers

Palatschinkenteig:
15 dag Mehl
¼ l Milch
2 Eier
Salz
Fett zum Herausbacken

Man bereitet aus Mehl, Butter, Staubzucker, Vanillezucker, Dotter, Ei und geriebenen Kürbiskernen einen Mürbteig.
Den Palatschinkenteig abrühren und 10 bis 15 Palatschinken backen. Die Palatschinken auskühlen.
Die geriebenen Kürbiskerne, Nüsse, Staubzucker, Brösel, Rosinen und Süßrahm zu einer Fülle vermengen.
Den Mürbteig 2 bis 3 mm dick auswalken, eine Tortenform damit auslegen.
Von der Fülle mit dem Löffel etwas auf den Tortenboden geben – ca. ½ bis 1 cm hoch, danach Rum darübergeben, so daß die Schicht sich leicht ansaugen kann.
Auf die Fülle eine Palatschinke legen, danach wieder Fülle, Rahm und Rum, und dies wiederholen, bis die Fülle aufgebraucht ist. Mit Mürbteig abdecken, bei ca. 200 bis 220° C etwa 45 Minuten backen.
Kann kalt oder heiß gegessen werden! Dazu gehört herber Wein.
Ein vorzügliches Silvestergebäck.

Kürbiskernpotitze

50 dag Mehl
2 dag Germ
¼ l lauwarme Milch
6 dag Zucker
2 Dotter
2 EL Öl
Salz

Fülle:
⅛ l Milch
2 EL Honig
15 dag Kürbiskerne (geschält und gerieben)
3 dag Brösel
Zimt
2 EL Rum
1 dag Germ

Mehl salzen, Germ einbröseln, lauwarme Milch, Zucker, Dotter und Öl zu einem Germteig verarbeiten und rasten lassen.
In der Zwischenzeit Honig in Milch auflösen, erhitzen, die geriebenen Kürbiskerne, Brösel, Zimt, Rum und Germ einmengen.
Den Teig dünn auswalken, mit der lauwarmen Fülle bestreichen, zusammenrollen, auf ein befettetes Blech legen, rasten lassen, mit verquirltem Ei bestreichen und im Rohr bei 190° C 45 Minuten backen.

Weitere Kürbiskernpotitzen

Potitze 1

3 EL Zucker
¼ l Milch
1 EL Zucker
1 KL Kakao
Brösel

3 EL Zucker im Topf schmelzen. Wenn er braunflüssig ist, eine große Handvoll saubere, trockene Kürbiskerne hineingeben. Die Kerne müssen braun werden und laut krachen. Kochend wird die Masse auf ein bemehltes Nudelbrett geschüttet, ein wenig auseinandergeteilt, damit keine Klumpen entstehen. Ausgekühlt ist die Masse steinhart. Sie wird mit einem Nudelwalker zerrieben.

Inzwischen wird die Milch erhitzt. Die Kürbismasse hineingegeben, Zucker und Kakao dazugegeben und aufkochen. Sollte die Masse zu weich sein, kann man Brösel beifügen.

Potitze 2

10 dag Kürbiskerne
5 dag Zucker
Brösel
Öl
⅛–¼ l Milchkaffee

Kürbiskerne mit Zucker rösten, bis sie gelblich sind. Auf einem mit Öl befetteten Teller auskühlen. Die Kerne mit einem Nudelwalker auf einem Nudelbrett zerdrücken. Die zerbröselte Masse in eine Schüssel geben, mit etwas Brösel vermengen und mit Milchkaffee aufgießen. Die Fülle muß streichbar sein. Sie kann nach Geschmack mit Zimt, Neugewürz und Zitronensaft gewürzt werden.

Potitze 3

30 dag Kürbiskerne
ca. ¼ l Milch
12 dag Zucker oder 4 EL Honig
1 P. Vanillezucker
2 EL Brösel
Rum
Saft einer halben Zitrone

Kürbiskerne in einer trockenen Pfanne anrösten und fein reiben. Milch,

Zucker oder Honig und Vanillezucker aufkochen. Kürbiskerne und Brösel dazugeben, mit Rum und Zitronensaft abschmecken.

Potitze 4

25 dag Kürbiskerne
10 dag Zucker
⅛ l Obers
20 dag Staubzucker
1 Ei
1 Dotter

Kürbiskerne mit Zucker karamelisieren. Auf einem nassen Teller Masse auskühlen. Mit einer Nußmühle mahlen oder mit einem Nudelwalker auf einem Nudelbrett zerdrücken. Obers aufkochen und siedend die restlichen Zutaten daruntermengen.

Kürbiskerngugelhupf

4 Eier
⅛ l Speiseöl
25 dag Kristallzucker
ca. ⅛ l Wasser
28 dag Mehl
10 dag geriebene Kürbiskerne
1 Msp. Backpulver

Dotter, Zucker und Öl schaumig rühren, dabei tropfenweise das Wasser untermengen. Den steifgeschlagenen Schnee mit den übrigen Zutaten vorsichtig unterheben.
Die Masse in eine gut befettete, bebröselte Gugelhupfform geben und im vorgeheizten Rohr bei 180° C backen.

Kürbiskernschnitten mit Orangenglasur

6 Eier

12 dag Zucker
12 geriebene Kürbiskerne
5 dag Brösel
5 dag Mehl
½ P. Backpulver

Glasur:
15 dag Staubzucker
2 EL Orangensaft

Schnee schlagen, Zucker und Dotter einrühren. Geriebene Kürbiskerne, Brösel und Mehl unterheben. Die flaumige Masse auf ein befettetes Blech streichen und bei 200° C ca. 25 Minuten backen. Ausgekühlt mit Glasur überziehen und mit gehackten Kürbiskernen bestreuen.
Glasur, Staubzucker und Orangensaft glattrühren.

Kürbiskernfrüchtekuchen

4 Eier
25 dag Staubzucker
25 dag Butter, erweicht
30 dag Mehl
1 P. Backpulver
15 dag gemahlene Kürbiskerne
⅛ l Wasser

Eier mit Staubzucker schaumig rühren. Die erweichte Butter in die Schaummasse einrühren (Butter darf nicht flüssig sein!). Danach Mehl mit Backpulver und Kürbiskernen und Wasser einrühren.
Die Masse auf ein befettetes, bemehltes Blech streichen und mit Früchten der Jahreszeit entsprechend dicht belegen. Bei ca. 200° C backen.

Glasierter süßer Kürbisstrudel

25 dag Mehl
3 dag Zucker

3 dag Butter
2 dag Germ
⅛ l Milch
1 Ei
Salz
Zitronensaft

Fülle:
¼ l Milch
15 dag geriebene Kürbiskerne
1 KL Honig
1 KL gemahlener Kaffee
4 dag Zucker
2 dag gehackte Rosinen
5 dag Kuchenbrösel
Rum, Zimt
Marmelade zum Bestreichen

Zitronenglasur:
1 EL gehackte Kürbiskerne zum Bestreuen
1 Ei zum Bestreichen

Milch und Butter auf 40° C erwärmen und zu den übrigen Zutaten geben. Gut abkneten, bis sich der Teig vom Geschirr löst. Teig zugedeckt an einen warmen Ort stellen und gehen lassen. Danach Teig ausrollen und mit Fülle bestreichen, einrollen, in befettete, bestaubte Form legen, nochmals rasten lassen, mit Ei bestreichen und bei 180° C ca. 35 Minuten backen. Nach kurzem Überkühlen aus der Form nehmen, an der Oberseite mit Marmelade bestreichen, mit Zitronenglasur oder Fondant glasieren und mit gehackten Kürbiskernen bestreuen.

Fülle:
Die Zutaten mit der Milch aufkochen lassen und auskühlen.

Kernölgugelhupf

4 Eier

10 dag Wasser
10 dag Kernöl
25 dag Staubzucker
25 dag Mehl
1 P. Vanillezucker
½ P. Backpulver

Dotter, Wasser, Kernöl, Vanillezucker und Staubzucker sehr schaumig rühren, dann das Mehl mit dem Backpulver vermischen und abwechselnd mit dem Schnee einrühren.
Die Masse in eine befettete, bemehlte Gugelhupfform füllen und bei ca. 180° C 60 Minuten backen. Den Gugelhupf stürzen und mit Staubzucker bestreuen.

Kürbiskernroulade

13 dag Zucker
5 Eier
13 dag Mehl
2 EL Wasser
10 dag gemahlene Kürbiskerne
3 KL Kakao
½ KL Zimt
1 P. Vanillezucker
1 Msp. Backpulver
Marillenmarmelade

Schnee schlagen, Dotter, Wasser, Zucker und Vanillezucker schaumig schlagen. Eischnee, Backpulver mit Mehl vermischt, Kürbiskerne, Kakao, Zimt unterheben und Masse auf ein gut befettetes, bemehltes Belch streichen. Ca. 10 Minuten bei 210° C backen, mit Marillenmarmelade bestreichen und rasch einrollen.

Torten mit Kürbiskernen

Kürbiskerntorte 1

5 Eier
12 dag Zucker
1 P. Vanillezucker
12 dag Kürbiskerne
2 dag Brösel

Dotter, Zucker und Vanillezucker schaumig rühren. Aus dem Eiklar Schnee schlagen. Den Schnee, die Kürbiskerne fein reiben und die Brösel einrühren. Die Masse in eine gut befettete Form füllen und bei 200° C backen. Nach dem Abkühlen die Torte zweimal durchschneiden und mit Kaffeecreme oder Schokoladecreme füllen. Mit Schlagobers und Kürbiskernen verzieren.

Schokoladecreme:
18 dag Butter
12 dag Zucker
12 dag erweichte Schokolade
1 Dotter

Kaffeecreme:
18 dag Butter
12 dag Zucker
1 Dotter
⅛ l Mokka

Schokoladecreme: Butter mit Zucker und erweichter, ausgekühlter Schokolade sowie dem Dotter flaumig rühren.

Kaffeecreme: Butter mit Zucker, Dotter und Mokka flaumig rühren.

Kürbiskerntorte 2

8 Eier

12 dag Zucker
12 dag Kürbiskerne
6 dag Mehl
3 EL Kaffee
Fett und Mehl für die Backform

Creme:
Vanillecreme aus ¼ l Milch
10 dag geröstete, gemahlene Kürbiskerne

Dotter und Zucker schaumig schlagen. Schnee schlagen. Dottermasse, geröstete, gemahlene Kürbiskerne, Mehl und Kaffee vorsichtig unter Schnee heben. Masse in befettete, bemehlte Form füllen und bei 190° C backen. Die ausgekühlte Torte mit Vanille-Kürbiskerncreme füllen.

Kürbiskern-Karottentorte

6 Eier
15 dag Zucker
1 Prise Salz
8 dag Mehl
1 Msp. Backpulver
20 dag geriebene Kürbiskerne
20 dag Karotten
1 EL Rum
Ribiselmarmelade, Schokoladeglasur

Eier und Zucker schaumig rühren. Mehl, Salz, Backpulver, geriebene Kürbiskerne, geriebene Karotten und Rum vorsichtig darunterheben. In eine befettete Tortenform füllen und eine Stunde bei 200° C backen. Die ausgekühlte Torte mit einer säuerlichen Marmelade dünn bestreichen und mit Schokoladeglasur überziehen.

Oststeirische Kürbiskerntorte

5 Eier

12,5 dag Butter
10 dag Staubzucker
10 dag erweichte Schokolade
2 EL Rum
1 EL Wasser
1 Prise Salz
10 dag Kristallzucker
20 dag Mehl
½ P. Backpulver
⅛ l Milch
12 dag geriebene Kürbiskerne

Fülle:
⅛ l Obers
⅛ kg Schokolade
20 dag Schokoladeglasur

Dotter, Butter und Staubzucker schaumig rühren. Schokolade und Rum einrühren. Eiklar, Wasser, Salz und Kristallzucker zu steifem Schnee schlagen. Mit Mehl, Backpulver, Milch und geriebenen Kürbiskernen unterheben, Schnee unterheben. Die Masse in eine befettete, bemehlte Form geben. 1 Stunde bei 175° C backen. Die Torte mit Schoko-Obersfülle füllen und mit Schokoladeglasur überziehen.
Fülle: Obers mit geriebener Schokolade vermengen.

Kleinbäckereien aus Kürbiskernen

Kürbiskernsplitter

15 dag Kürbiskerne
15 dag Schokolade
2 P. Vanillezucker

Kürbiskerne fein hacken und in leicht gefetteter Pfanne anrösten. In der Zwischenzeit Schokolade im Wasserbad erweichen und Vanillezucker beimengen. Die gerösteten Kürbiskernsplitter unter die Schokolade mischen. Mit 2 Kaffeelöffeln kleine Häufchen auf Butterpapier setzen und im Kühlschrank auskühlen und trocknen lassen.

Kürbiskernkipferln

24 dag Mehl
18 dag Butter
6 dag Staubzucker
10 dag Kürbiskerne
1 P. Vanillezucker

Mehl und Butter auf dem Brett abbröseln und mit Staubzucker und geriebenen Kürbiskernen rasch zu einem Teig verarbeiten. Eine Rolle formen, in nußgroße Stücke aufteilen und daraus gleichmäßige Kipferln formen. Auf einem unbefetteten Blech bei mäßiger Hitze hellgelb backen. Die Kipferln noch warm, vorsichtig in Staubzucker-Vanillezuckergemisch wälzen.

Kürbiskernstangerln

1 kg Weizenvollmehl
ca. 1 l Wasser
3 dag Germ
1 EL Honig
2 dag Salz
2 EL Butter
gemahlener Fenchel
gemahlener Koriander
25 dag geriebene Kürbiskerne

Aus den Zutaten einen Germteig bereiten und ca. ½ Stunde rasten lassen. Stangerln formen, nochmals 15 Minuten rasten lassen, mit Wasser oder Ei bestreichen und bei 200° C backen. (Wasser ins Rohr stellen.)

Kürbiskernkekse pikant

25 dag Mehl
20 dag Topfen
15 dag Butter
15 dag geriebene Kürbiskerne
Salz, Ei, ev. Kümmel

Aus Mehl, Topfen, Butter und Kürbiskernen einen Mürbteig bereiten (ev. 1–2 EL Milch beigeben). Den Teig messerrückendick auswalken, mit dem Teigrad kleine Quadrate radeln, mit zerklopftem Ei bestreichen, eventuell Kümmel daraufstreuen und bei 200° C ca. 25 Minuten backen.

Kürbiskernmonde

6 Dotter
16 dag Zucker
1 P. Vanillezucker
6 dag Kürbiskerne
2 dag Kakao
Zimt
½ TL Lebkuchengewürz
1 Msp. Backpulver
15 dag Mehl
6 Eiklar

Dotter, Zucker und Vanillezucker schaumig rühren. Geriebene Kürbiskerne, Kakao, Zimt und Lebkuchengewürz einmengen. Zum Schluß das Mehl-Backpulver-Gemisch und den steifgeschlagenen Schnee leicht unterheben. Den Teig auf ein gut befettetes und bemehltes Blech aufstreichen und ins gut vorgeheizte Rohr schieben. Bei mittlerer Hitze ca. 20 Minuten backen. Auskühlen lassen, Schokoladeglasur darübergeben und kalt stellen. Wenn die Glasur ziemlich fest ist, werden Monde ausgestochen.

Feine Kürbiskernbusserl

4 Eiklar
20 dag Zucker
1 P. Vanillezucker
20 dag geriebene Kürbiskerne
2 dag Brösel
2 dag Kleie

Eiklar, Zucker und Vanillezucker dickschaumig schlagen. Kürbiskerne, Mehl, Brösel und Kleie mit einem Kochlöffel einrühren. Die Masse ½ Stunde ziehen lassen, mit 2 Teelöffeln kleine Häufchen auf ein befettetes Blech setzen und mit Kürbiskernen verzieren. Falls die Masse zu dünn ist, können Mehl, Brösel oder Kleie beigemengt werden. 10 bis 15 Minuten bei 200° C backen.

Steirerstangerln

12 dag Butter
12 dag Staubzucker
1 EL Rum
12 dag geriebene Kürbiskerne
12 dag geriebene Schokolade

Butter mit Staubzucker und Rum flaumig abtreiben, mit Kürbiskernen und Schokolade vermischen. Den Teig kühl rasten lassen und kleine Stangerln formen. Bei 100° C langsam backen.

Glasur:
8 dag Schokolade
8 dag Butter

Schokolade und Butter im Wasserbad erweichen und darin Stangerlnenden eintauchen.

Grazer Kugeln

10 dag Butter
10 dag Staubzucker
12 dag Schokolade
1 EL Rum
12 dag geriebene Kürbiskerne

Butter mit Staubzucker abtreiben. Schokolade erweichen und unter den Abtrieb mengen. Rum und Kürbiskerne unterrühren. Masse kühl stellen, kleine Kugeln formen, mit Schokoladeglasur überziehen. (Kugerln auf Messerspitze legen, mit Eßlöffel glasieren und auf dem Gitter abtropfen lassen.)
Mit gerösteten, geriebenen Kürbiskernen bestreuen.

Gefülltes Kürbiskernvollkorngebäck

30 dag Weizenvollkornmehl
20 dag Butter
5 EL Honig
2 Dotter
1 Prise Salz

Fülle:
20 dag geriebene Kürbiskerne
10 dag Kristallzucker
2 EL Rum

Weizenvollmehl, Butter, Honig, Dotter und Salz rasch zu einem Mürbteig verarbeiten. Teig 30 Minuten kühl rasten lassen. Inzwischen alle Zutaten für die Fülle zu einer streichfähigen Masse verarbeiten.
Den Teig messerdick auswalken, mit der Fülle bestreichen, einrollen und auf dem Backblech bei ca. 180° C backen. Vor dem Schneiden gut auskühlen lassen.

Kürbiskernzwieback

3 Eier

10 dag Zucker
10 dag Mehl
10 dag grob gehackte Kürbiskerne

Eier mit Zucker dickschaumig schlagen. Mehl und grobgehackte Kürbis-
kerne leicht unterheben. Die Masse fingerdick auf ein gut befettetes
Backblech streichen und bei 210° C im Backrohr backen. Noch heiß
Stangerln schneiden.
Vor dem Servieren Stangerln eventuell kurz bähen.

Rahmkipferln mit Kürbiskernschokofüllung

50 dag Mehl
40 dag Butter
6 EL Sauerrahm
1 Ei
Salz

Fülle:
15 dag Kürbiskerne, fein gemahlen
5 dag Schokolade, feingerieben
4 EL Marmelade
2 EL Rum oder Schnaps
1 EL Honig
ev. Semmelbrösel
Kristallzucker zum Wälzen

Aus Mehl, Butter, Sauerrahm, Ei, Salz einen weichen Mürbteig bereiten. Teig über Nacht in Folie eingewickelt rasten lassen. Danach den
Teig ca. 0,5 cm dick ausrollen, in 8 x 8 cm große Stücke radeln, füllen
und übers Eck einrollen. Mit Ei bestreichen und bei ca. 220° C backen.

Fülle:
Kürbiskerne, Schokolade, Marmelade, Rum und Honig zu einer mittel-
festen Fülle rühren (ev. Brösel beigeben).

Brot mit Kürbiskernen

Bauernbrot mit Kürbiskernen

1 kg Roggenmehl
1 kg Weizenvollmehl
Sauerteig
1 EL Salz
1 l lauwarmes Wasser
25 dag Kürbiskerne

Aus Mehl, Sauerteig, Salz, Wasser und Kürbiskernen einen geschmeidi-
gen Teig bereiten. 3 Stunden gehen lassen. Nochmals durchkneten,
einen Laib formen und in ein Geschirrtuch stramm einpacken. 1 Stunde
rasten lassen, auf ein befettetes Backblech legen und mit einer Gabel
einstechen. Das Rohr auf 250° C vorheizen. Ein Gefäß mit Wasser
einstellen. Brot einschieben. Nach 10 Minuten auf 200° C zurückschal-
ten. 45 bis 50 Minuten backen. Dann noch 10 Minuten im ausgeschalte-
ten Backrohr lassen.

Kürbiskernvollkornstangerln

1 kg Weizenvollkornmehl
ca. ½ l Wasser
5 dag Germ
2 EL Honig
1 dag Salz
2 EL Öl
25 dag geriebene Kürbiskerne
gemahlener Fenchel
gemahlener Koriander
Ei zum Bestreichen

Aus Mehl, lauwarmem Wasser, Germ, Honig, Salz, Öl, Kürbiskernen,
Fenchel und Koriander einen Germteig bereiten. Teig 30 Minuten rasten

lassen. Teig nochmals kurz durchkneten und eine Rolle formen. Davon gleichmäßige Teigstücke abschneiden, diese zu glatten Laibchen formen und nochmals 5 Minuten rasten lassen. Danach aus den Laibchen auf dem Nudelbrett jeweils ½ cm dicke ovale Flekken ausrollen. Diese rollt man dann mit beiden Händen der schmalen Seite entlang zu Stangerln. Diese mit zerklopftem Ei oder Wasser bestreichen und bei 200° C backen (eine Schale Wasser ins Rohr stellen).

Kürbis auf Vorrat

Essigkürbis

3 kg fester Kürbis
5 dag Salz
¾ l Weinessig
½ l Wasser
1 große Zwiebel
2 Lorbeerblätter
Salz, Pfefferkörner
geriebener Ingwer
Dillkraut
1 EL geriebener Kren

Kürbis schälen, halbieren, entkernen und in gleichmäßige Würfel oder Stäbchen (ca. 3 cm dick) schneiden.
Zerkleinerten Kürbis mit Salz bestreuen und 1 Stunde ziehen lassen, Saft abseihen. Inzwischen Weinessig, Wasser und grobnudelig geschnittene Zwiebel, Lorbeerblatt, Salz, Pfeffer und Ingwer zu Sud aufkochen und abseihen.
In diesem Sud Kürbisgemüse aufkochen. Danach Gemüse in saubere Gläser schlichten, Dillkraut und geriebenen Kren dazwischen einstreuen, mit erkaltetem Sud übergießen, so daß das Gemüse bedeckt ist. Gläser luftdicht zubinden.

Nach einer Woche Sud wieder abgießen, nochmals aufkochen, abschäumen, abkühlen und wieder über die Kürbisstücke gießen. Luftdicht verschlossen kühl und trocken lagern.

Kürbis süßsauer

1 kg Kürbis
3 EL Essig
¾ l trockener Weißwein
ca. ¼ l Wasser
3 EL Honig
1 Zimtstange
Gewürznelken
Salz

Kürbis schälen und würfeln. Kürbisstücke mit Honig, Zimtstange, Gewürznelken in Einmachgläser schichten. Essig mit etwas Salz, Wasser und Wein aufkochen, danach den heißen Sud randvoll über das Gemüse leeren. Das Glas sofort verschließen. An einem kühlen, dunklen Ort aufbewahren.
Paßt zu: kalten und warmen Fleischgerichten, zu Rohkost und zu Topfendesserts.

Kürbismarmelade mit Äpfeln

50 dag Kürbispüree
50 dag ungesüßtes Apfelmus
Vanillezucker
Saft einer Zitrone
1 kg Gelierzucker

Äpfel schälen und fein faschieren, ebenso das feste Kürbisfruchtfleisch. Faschierte Masse mit Gelierzucker, Zitronensaft und Vanillezucker aufkochen, 4 Minuten sprudelnd kochen lassen und dann heiß in Gläser füllen.

Kürbischutney

50 dag Kürbiswürfel
Zitronensaft
⅛ l Weinessig
10 dag Zucker
1 TL Salz
1 EL Senfkörner
3–4 Knoblauchzehen
1 EL grüne Pfefferkörner
2 TL Pfefferminze

Alle Zutaten in einen flachen Topf geben und unter ständigem Rühren ca. 1 Stunde kochen, bis das Chutney dicklich ist. Heiß in Gläser füllen und gut verschließen.
Paßt zu: Gebratenen und gegrillten Fleischgerichten.

Kürbis einfrieren

Kürbis dem Bedarf entsprechend zerkleinern (raffeln, würfeln oder halbieren), in Einfriersäckchen füllen, gut verschließen, 4–5 Monate lagerbar.

Weitere Köstlichkeiten mit Kürbiskernöl und Kürbiskernen

Rührei von Wachteleiern mit Kernöl

Wachteleier
Kernöl
Salz
Butter zum Anbraten
Liebstöckl

Wachteleier, Salz und einen Schuß Kernöl verquirlen und bei kleiner Flamme in Butter braten. Mit gehacktem Liebstöckl bestreuen, mit Kürbiskernöl beträufeln und servieren.

Pikante Kekse

25 dag Mehl
20 dag Topfen
15 dag Schmalz
15 dag geriebene Kürbiskerne
Salz
Ei zum Bestreichen
geriebener Käse und Kümmel zum Bestreuen

Aus Mehl, Topfen, Schmalz, Kürbiskernen und Salz rasch einen Teig bereiten. Teig messerrückendick auswalken. Mit Teigrad Quadrate ausradeln oder mit Keksausstecher Herzen, Kleeblätter und ähnliche Formen als lustige Partybäckerei ausstechen. Formen mit zerklopftem Ei bestreichen, mit Käse und Kümmel bestreuen und bei 220° C im Rohr backen.

Kürbiskerneis

2 Eier
8 dag Honig
¼ l Obers
5 dag Kürbiskerne
Schlagobers zum Garnieren

Eier und Honig über Wasserdampf schaumig schlagen, kalt weiterschlagen. Steifes Obers sowie gehackte Kürbiskerne in die Masse unterheben. Eine Terrinenform mit Folie auslegen. Masse einfüllen und 8 Stunden tiefkühlen. Danach mit Schlagobers und Honig garniert servieren.

Kürbiskernflaum

25 dag Butter
3 dag Zucker
1 Dotter
2 EL Milch
2 EL Rum
28 dag Mehl
5 dag Kürbiskerne
Vanillezucker
½ P. Backpulver

Glasur:
1 Eiklar
5 dag Feinkristallzucker
7 dag Staubzucker

Kürbiskerne mahlen, mit Rum übergießen und ziehen lassen.
Butter, Zucker, Dotter und Vanillezucker flaumig rühren, die mit Rum befeuchteten Kürbiskerne, das mit Backpulver vermischte Mehl sowie die Milch einrühren. Kleine Kugeln formen und mit der Hand leicht flach drücken. Die Krapferln auf ein bemehltes Blech legen, mit Glasur überziehen und im vorgeheizten Rohr bei 200° C backen.

Glasur: Schnee schlagen, mit Feinkristallzucker ausschlagen und Staubzucker unterziehen.

Kürbis-Topfen-Aufstrich

25 dag Magertopfen
Salz, Kümmel
1 EL feingehackte Petersilie
1 EL feingehackter Schnittlauch
1 Zwiebel, feingehackt
1 Zehe Knoblauch, zerdrückt
Pfeffer
2 bis 3 EL Kernöl
1 hartgekochtes Ei

Topfen passieren. Mit Salz, Kümmel, Petersilie, Schnittlauch, Zwiebel, Knoblauch, Pfeffer, Kürbiskernöl vermischen. Mit gevierteltem Ei garnieren.

Eierspeise steirisch

Eier
Salz
Kürbiskernöl

Das zerklopfte, gesalzene Ei in einer Pfanne mit erhitztem Kürbiskernöl herausbacken.
Achtung: Fett nicht zu stark erhitzen – Kürbiskernöl hat einen niedrigen Rauchpunkt.

Steirische Salzkürbiskerne

40 dag Kürbiskerne
1 EL Speiseöl
1 TL Salz

Die Kürbiskerne mit Öl vermengen, nach Geschmack salzen und anschließend rösten.

Steirische Karamelkürbiskerne

40 dag Kürbiskerne
15 dag Kristallzucker
1 EL Speiseöl

Zucker in einem größeren Topf erhitzen, bis der Zucker zerfließt und bräunlich ist (karamelisiert). Die gerösteten heißen Kürbiskerne in einer Schüssel mit Speiseöl vermengen und die heiße, gebräunte Zuckermasse beigeben.
Die Masse auf ein geöltes Backblech oder auf Alufolie zum Auskühlen ausbreiten und noch im warmen Zustand in mundgerechte Stücke zerteilen.

Literaturverzeichnis

ARGE steirischer Kürbisbauern, Rezeptsammlung und Rezeptwettbewerb.

BIOSONN-Broschüre: Der neue Trend der guten Küche. Das echt steirische Kürbiskernöl. Hrsg. v. Fa. Agrosserta, Graz.

BRÜCHER, 1977: Tropische Nutzpflanzen, Verlag Paul Parey, Berlin und Hamburg.

DORNER D., 1985: Das Hausmittel des Monats–Kürbis. ORF-Nachlese 8, S. 49.

FRITZ, STOLZ, 1980: Erwerbsgemüsebau, 8. Aufl., Verlag Ulmer, Stuttgart.

GONDESEN, C., Lübecker Kürbiskochbuch, Verlag Gustav Peters und Sohn.

HAIDER, W., Natur pur/Foto 916640, Gusto-Heft 11/86 und 9/87.

JUD, Einfluß des Standraumes und der N-Düngung auf den Ertrag und die Qualität des Ölkürbis, Dissertation am Institut für Pflanzenbau und -züchtung, BOKU Wien.

KELLER, LÜTHI, RÖTHLISBERGER, 1986: 100 Gemüse, LMZ Verlag.

KIEFERLE R., 1988: Kürbis, die kerngesunde Kugel. Mein schöner Garten 10, S. 103.

KRUG, 1986: Gemüseproduktion, Verlag Paul Parey, Berlin und Hamburg.

LANDESKAMMER für LAND- und FORSTWIRTSCHAFT: Kulturanleitungen und betriebswirtschaftliche Berechnungen (Weber, Kneißl), Versuchsberichte (Furlan, Weber), Pflanzenschutzrichtlinien (Furlan, Szith).

MAIER-BRUCK F.: Auf Vorrat gekocht, Pawlak Verlag.

MAIER-BRUCK F.: Sättigendes zum Hauptgericht, Pawlak Verlag.

NISCH-FRITZ R., EGGER H., 1979: Ergebnisse einer Praxisstudie über das Kürbiskern-Diätetikum „Kürbis-Granufink" bei Patienten mit Miktionsbeschwerden verschiedener Genese. Dr. med. 5.

OLNEY R., 1983: Gemüse, die Kunst des Kochens. Methoden und Rezepte, 6. Aufl., Time-Life Verlag.

DAS REICH DER PFLANZEN: Die große Bertelsmann Lexikothek.

SCHILCHER H., 1987: Delta 7-sterole, das prostatatrope Wirkprinzip in Kürbissamen? Urologe B., Springer Verlag, Berlin und Heidelberg.

SCHUSTER, 1977: Der Ölkürbis, Verlag Paul Parey, Berlin und Hamburg.

SEITZ, 1989: Wertvolle Kürbisse im Garten. Obst und Garten 8.

STEINWIDDER, SZITH, ZENGERER: Kürbisanbau in der Steiermark, ARGE steirischer Kürbisbauern.

STRASSBURGER, 1983: Lehrbuch der Botanik, 32. Aufl., Verlag Fischer.

WEISS R. F., 1986: Cucurbita-Species – Kürbisarten. Zeitschrift für Phytotherapie 1 (Sonderdruck).

WOLFRAM G., 1976: Essentielle Fettsäuren. Ernährungsumschau 23, H. 9, S. 267–269.

Um den traditionsreichen Kürbisanbau in der Steiermark zu fördern und damit den Landwirten eine erfolgsträchtige Kulturform zu bieten, wurde im Jahre 1978 die ARBEITSGEMEINSCHAFT STEIRISCHER KÜRBISBAUERN REG. GENOSSENSCHAFT M.B.H. gegründet. Der derzeitige Mitgliederstand umfaßt etwa 1000 Betriebe.

Aufgabe der ARGE ist die Organisation des Vertragsanbaues sowie die Aufbereitung des Erntegutes zu handelsfertiger Ware. Die Genossenschaft garantiert dem Landwirt die Abnahme einer bestimmten Menge, verlangt aber dafür die Einhaltung vorgegebener Anbau- und Qualitätsrichtlinien.

Beratungsversammlungen und Informationsblätter halten die Mitglieder am laufenden über das aktuelle Geschehen.

Die Vermarktung der aufbereiteten Handelsware erfolgt exklusiv über BIOSONN NATURPRODUKTE GESELLSCHAFT M.B.H.

ARGE STEIRISCHER KÜRBISBAUERN
8480 MURECK
HOHENRAINSTR. 33
TEL. 03472/2703

Marktgemeinschaft Kürbiskernöl

Die neue Marke auf dem Kernölmarkt

GÜTESIEGEL
der steirischen Landwirtschaftskammer
ECHT STEIRISCHES
KÜRBISKERNÖL
1 l   1 l
Geprüfte Qualität
№ 8 0 4 2 0 1

100% reines Kürbiskernöl aus steirischen
Kernen – schonend gepreßt.

Achten Sie auf dieses Gütezeichen

Mitglieder, Stand Frühjahr 1990

Ölmühlen

Agrarunion Südost, 8330 Feldbach

Birnstingl, Reiteregg 25, 8151 Hitzendorf

Fandler, Sonnhofen 1, 8225 Pöllau

Haas, Dr.-Karl-Renner-Gasse 5, 8160 Weiz

Hartlieb, 8451 Heimschuh 107

Hofstätter, Lichendorf 43, 8473 Weitersfeld

Kiendler, 8413 Ragnitz 5

Kremser, Martrach 23, 8452 Gr. Klein

Lugitsch, Gniebing 122, 8330 Feldbach

Mandl, Krottendorf 7, 8564 Krottendorf